KB261889

한국 지성의 소리 2

한국 지성의 소리

지방자치단체의 결의 **2**

일본교과서바로잡기 운동본부 편

역사비평사

한국 지성의 소리 · 2

지은이 일본교과서바로잡기 운동본부
펴낸이 장두환
펴낸곳 역사비평사

등록 1988년 2월 22일 제1 - 669호
주소 서울시 종로구 계동 140 - 44
전화 영업부 741 - 6123~4
　　　 편집부 741 - 6127
팩스 741 - 6126
E-mail yukbi@chollian.net

제1판 제1쇄 2002년 5월 20일

값 10,000원

ISBN 89 - 7696 - 901 - 3 - -03900

* 잘못된 책은 구입하신 서점에서 바꾸어드립니다.

【해제】 일본교과서 역사왜곡 저지의 새로운 장

장 신(역사문제연구소 연구원)

머리말

2001년 8월 16일에 '새로운 역사교과서를 만드는 모임'(이하 '새역모'로 줄임)은 후소샤(扶桑社)교과서의 채택결과에 대한 기자회견을 열었다. 애초에 10%를 목표로 했던 후소샤교과서의 채택률은 0.039%에 그친 채 전체 1,319,789명의 중학생 중 겨우 521명만이 2002년부터 '새로운' 역사교과서로 공부하게 되었다. 그나마 후소샤교과서를 채택한 학교는 거의 전부가 사립학교였고, 공립학교로는 도쿄도(東京都)와 에히메현(愛媛縣)의 양호학교뿐이었다. 이 기자회견에서 '새역모'의 니시오(西隆幹二) 회장은 후소샤교과서의 참패원인을 몇 가지 거론했다. 그중에서도 주목할 만한 부분은 아래의 발언이다.

한국의 간섭은 날이 갈수록 더해져 청소년의 교류중단뿐만 아니라 지방자치단체장에게 각 우호도시 시장으로부터의 후소샤판 불채택요청, 재일한국인단체의 직접적 반대운동 등 내정간섭의 범위를 훨씬 넘어서는 과도한 행동이 계속 이어졌다.

'한국의 간섭'이라 하면 그들이 내정간섭이라고 비난하는 「일본 중학교 역사교과서 한국관련내용 수정요구안」을 비롯한 한국정부의 공식 요구와 시민단체, 한국민들의 일본의 역사왜곡 시정 촉구일 것이다. 그런데 기자회견에서는 '한국의 간섭' 중에서도 '청소년의 교류중단'과 '지방자치단체장의 후소샤판 불채택요청'을 구체적으로 지적하였다.

'새역모'가 기자회견에서 거론한 '청소년의 교류중단'과 '지방자치단체장의 후소샤판 불채택요청'은 1982년이나 1986년의 일본교과서 역사왜곡 파동 때에는 볼 수 없는 현상이었다. 1980년대의 일본교과서 역사왜곡저지 운동을 정부와 언론이 주도했다면, 2001년에는 정부와 지방자치단체, 시민단체가 이끌었다고 할 수 있다. 그 중에서도 지방자치단체가 중요한 역할을 담당할 것이라고는 일본뿐만 아니라 한국에서도 예측하지 못한 일이었다. 그런 까닭으로 그 활동의 충격과 효과가 큰 반향을 불러일으켰다.

지방자치단체가 전개했던 일본교과서의 역사왜곡 저지 운동은 내용상 크게 세 가지로 나눌 수 있다. 첫째는 각 기초·광역의회 및 시·도교육위원회의 결의문·성명서 채택이다. 둘째는 기초·광역자치단체의 '일본 내 자매결연도시에 대한 후소샤판 교과서 불채택요청 서한' 발송이다. 셋째는 스포츠·청소년·자치단체 간 교류 등의 중단·보류이다.

2001년 교과서문제가 발생한 지 1년이 넘은 시점에서 다시 이 일을 거론하고 이렇게 책으로 펴내는 이유는 다음과 같은 의의가 있기 때문이다. 우선 역사기록의 수집·정리를 위해서이다. 일본교과서의 역사왜곡 문제는 한두 번에 끝날 것이 아니며, 올해에 그랬던 것처럼 앞으로도 재연될 가능성이 충분하다. 1982년과 1986년에 그렇게 격렬한 파문이 일었지만 참고할 수 있었던 자료는 기껏해야 신문기사와 학자들의 관련논문 일부밖에 없었다. 신문이 모든 운동을 포괄할 수 없음은 말할 필요조차 없다. 역사왜곡 반대운동을 전개했던 다양한 층위의 소리가 후세에 제대로 전달되기 위해서 자료의 수집과 정리는 필수적이다.

둘째, 지방자치단체의 '일본교과서 역사왜곡' 반대운동을 평가하여 앞으로 재발할 사태에 대비하기 위함이다. 이미 올해에 고등학교 일본사교과서의 검정결과 『최신일본사』의 역사왜곡이 불거졌다. 2001년 '새역모'의 기자회견에서 다카모리(高森明勅) 사무국장이 "4년 뒤에 리벤지(복수)하겠다"고 공언했듯이, '새역모'는 소학교(한국의 초등학교)와 중학교 교과서 검정을 신청하겠다고 밝힌 상태이다. '새역모'가 보다 세련되고 조직적으로 채택운동을 전개할 것은 충분히 예견할 수 있다. 한국의 지방자치단체들도 일본의 자매결연도시와 상호이해를 위한 교류활동을 충실히 전개하는 한편으로 문제가 불거질 경우를 대비해 한 단계 높은 대응책을 준비해야 할 필요가 있다.

셋째, 이 자료집을 통해 우리는 한국인이 일본교과서 역사왜곡 문제에 대해 갖는 인식을 살펴볼 수 있다. 곧 역사왜곡의 배경과 본질, 이를 바로잡으려는 운동의 분석을 통해 2001년 교과서문제를 바라보는 한국인의 다양한 시각을 접할 수 있다. 학자의 논문이나 언론의 사설·기고문에 비해 분석의 깊이나 폭에서 결의문이 그에 미치지 못함을 부인할 수는 없다. 대신에 전문적 지식과 정보를 갖지 못한 한국인 일반이 가지고 있는 일본에 대한 한국의 의식상태를 이 결의문들이 솔직하게 보여줄 것이다.

1. 역사왜곡 반대운동과 지방자치단체

1) 역사왜곡 반대운동의 경과

2002년에 일본의 역사교과서 왜곡이 있을 것이라는 예측은 관련 학자들이 오래전에 제기한 바 있다. 역사왜곡이 현실화되는 조짐은 2001년 상반기부터 조금씩 나타났다. '새역모'가 중학교 역사교과서 검정을 신청했음이 알려지면서 그 내용도 함께 흘러나왔다. 그리고 2001년 2월 무렵 '새역모' 교과서의 전체적인 윤곽이 드러나면서 한국과 중국 등의 격렬한 반발이 일어났다. 한국의 국회에서는 2월 27일에 결의문을 채택했다.

이어 김대중대통령이 3·1절 기념식사를 통해 경고를 하고, 일본교과서개악저지운동본부 등 시민단체의 항의가 계속되면서 역사왜곡을 규탄하는 분위기가 고조되었다. 이와 함께 3월 8일 창원시의회, 3월 26일 충청남도 교육위원회 등이 일본의 역사왜곡을 규탄하는 결의문을 채택했다. 이때까지만 해도 한국정부는 1998년에 양국 정상이 합의한 「21세기 새로운 한일파트너십 공동선언」을 굳게 믿으면서 문제의 후소샤교과서의 검정합격이 이루어지지 않을 것으로 전망했다. 이 시기는 이른바 '검정통과반대' 또는 '개악저지' 국면이었다.

그러나 4월 3일 후소샤교과서를 비롯해 나머지 7종의 교과서들도 현행본에 비해 개악된 상태로 검정에 합격했다. 후소샤교과서는 교과서라 할 수 없을 정도였다. 한국에서 상상했던 이상이었다. 각 지방의회의 임시회가 열리면서 '일본의 역사교과서 왜곡 시정을 촉구하는 결의'가 잇달았다. 이러한 분위기는 4월 중순 이후 5월 초에 절정에 이르면서 5월 말까지 이어졌다. 5월 9일 한국정부가 일본정부에 수정요구안을 전달한 이후 6월 한 달은 다소 관망상태였다. 2002년에 세계인의 축제인 월드컵을 공동개최할 뿐 아니라 한국정부가 구체적 수정요구사항을 제시하였는데 설마 일본정부가 그냥 무시할 수 있겠는가 하는 기대감이 퍼져 있었다. 이 시기는 '재수정요구' 또는 '역사왜곡 시정촉구' 국면으로 정리된다.

7월 9일 일본정부는 교과서를 더이상 수정할 필요 없다는 공식답변을 한국정부에 전달했다. 자율수정이라는 명목으로 두 곳을 수정한 외에 한국측의 요구는 전혀 반영되지 않았다. 한국민의 분노는 다시 폭발했고 기세는 4·5월을 능가했다. 7월 중순부터 8월 15일까지는 일본에서의 교과서 채택시기였다. 일본의 각 도시와 자매결연을 맺은 한국의 지방자치단체장들은 항의와 우려, 그리고 후소샤교과서의 불채택을 요청하는 서한을 긴급히 자매도시에 전달했다. 이와 함께 지방의회는 다시금 강도 높게 일본정부의 '뻔뻔함'을 규탄하였고, 각 지방자치단체별로 일본과의 문화·스포츠·청소년 교류가 중단되었다. 이른바 '불채택 운동' 국면이었다.

8월 15일 일본 전역에서의 중학교 역사교과서 채택이 끝나고 결과가 발표되었다. '새역모'의 호언장담에도 불구하고 채택률은 0.039%에 지나지 않았다. 한국의 지방자치단체들로부터 불채택요청 서한을 받았던 일본의 자매도시들은 관내 중학교의 후소샤교과서 불채택 사실을 통보해왔다. 그리고 단절되었던 양국 자매도시 간의 교류는 대부분 다시 재개되었다.

2) 지방자치단체 활동의 통계적 분석

일본 교과서 역사왜곡 반대를 위한 지방자치단체의 주요한 활동인 결의문과 후소샤교과서 불채택요청 서한의 현황을 살펴보면 <표 1>과 같다.

<표 1> 한국 지방자치단체의 역사왜곡 시정촉구 및 후소샤교과서 불채택운동 현황

분류 \ 지역	역사왜곡 반대 · 시정촉구 결의문			후소샤교과서 불채택 요청 서한			계
	자치단체	지방의회	교육위원회	자치단체	지방의회	교육위원회	
전국	1	2				1	4
서울		8		1	1	1	11
부산		1					1
대구		3	1	1	1		6
인천	1	2	1	3	1		8
광주		1					1
대전		3			1		4
울산		1		1			2
강원		6	1	13	5	1	26
경기		9	1	4			14
충북		7	1	3	3		14
충남		3	1	3			7
전북	1	6	1	1	1		10
전남		8	1	2			11
경북		5	1	5	1		12
경남		4		10	4		18
제주		3	1	3	1		8
계	3	72	10	50	19	3	157

출전 : 이 표는 2002년 3월 15일까지 일본교과서바로잡기운동본부에 도착한 각 자치단체의 활동상황을 기본으로 하여, 누락된 부분을 한국언론재단의 기사검색 서비스(www.kinds.or.kr)에서 보충하여 작성하였다. 『역사문제연구』 제7호(2001년 12월, 역사비평사)에 실린 이신철 · 장신의 「2001년 교과서운동의 평가와 향후 전망」에 실린 표와 약간의 차이가 있다. 앞 글의 통계는 2001년 12월 15일까지 통계를 바탕으로 하였는데, 실제 접수된 자료를 확인한 결과 신문기사와 다른 점이 일부 있었다.

비고 : 1. 전국은 전국시 · 도의장협의회(4월 14일, 7월 11일), 전국시 · 군 · 자치구의회의장협의회(4월), 전국시장 · 군수 · 구청장협의회(7월 14일), 전국시도교육위원회의장단협의회(7월 24일). 2. 각 도의 시군의회의장단협의회와 시장군수협의회는 각각 지방의회와 자치단체 항목에 합산하였음.

<표 1>에서 가장 두드러진 특징은, 결의문은 주로 지방의회에서 채택하고 불채택요청 서한은 자치단체를 중심으로 이루어진 점이다. 물론 7월 이후의 불채택요청 서한 발송에는 지방의회도 함께 참여하고 있기도 하다. 광역단위에만 설치된 교육위원회는 주로 결의문을 채택하였다.

이를 다시 행정단위로 살펴보면 다음과 같다.

<표 2> 결의문 채택의 행정단위별 분포

광역시·도	시	군	구	교육위원회
10/16(62.5)	24/74(32.4)	16/90(17.7)	15/69(21.7)	10/16(62.5)

비고 : 1. A/B에서 A는 채택, B는 전체. 2. ( )는 비율(%).

대체로 광역단위로 구성된 시·도의회와 교육위원회에서 적극적으로 활동했음을 볼 수 있다. 그리고 농촌 지역보다 도시 지역의 참여가 높았다.

아래의 <표 3>은 행정단위를 지역별로 세분한 것이다.

<표 3> 결의문 채택의 행정단위·지역별 분포

	서울	부산	대구	인천	광주	대전	울산	경기	강원	충북	충남	전북	전남	경북	경남	제주
광역시	0/1	0/1	1/1	1/1	0/1	1/1	0/1	1/1	1/1	1/1	0/1	1/1	1/1	1/1	0/1	1/1
군								7/25	2/7	2/3	2/6	3/6	2/5	3/10	2/10	1/2
		0/1	0/1	0/2			0/1	1/6	3/11	3/9	1/9	1/8	5/17	0/13	1/10	1/2
구	8/25	1/15	2/7	1/8	0/5	2/5	1/4									
계	8/26	1/17	3/9	2/11	0/6	3/6	1/6	9/32	6/19	6/13	3/16	5/15	8/23	4/24	3/21	3/5
비율	32.0	5.8	33.3	18.1	0	50.0	16.6	28.1	31.5	46.1	18.7	33.3	34.7	16.6	14.2	60.0

비고 : 수원, 성남 등의 시에 설치된 '구'에는 의회가 없어 집계에서 제외하였다.

지역별로 보면 서울, 경기, 전남은 참여기관의 수가 8~9곳으로 가장 활발한 활동을 보였지만 비율로 보았을 때는 제주, 대전, 충북이 고르게 참여한 것으로 나타났다. 반면에 광주와 부산은 거의 동참하지 않았으며 인천, 울산, 경북, 경남도 매우 저조했다.

결의문 채택을 일자별로 보면, 검정통과가 발표된 1주일 후인 4월 9일부터 28

일까지 집중되었다가 5월에 소강상태를 보이고 6월에는 전혀 움직임이 없었다. 그러다가 7월 9일을 계기로 하여 2주 동안 28건(3주 동안 35건)이라는 폭발적 움직임을 보였다. 마찬가지로 후소샤교과서 불채택요청을 위한 서한도 7월 9일부터 7월 21일까지의 2주 동안 59건으로 전체의 80% 이상을 차지하였다. 8월 15일까지 교과서 채택기간으로 정해져 있었지만, 실제로는 7월 말 8월 초에 대부분 결정되는 사정상 서둘러 전달한 것으로 보인다.

<표 4> 역사왜곡반대·시정촉구 결의문과 후소샤판 불채택요청 서한의 주간 현황

기간 \ 종류	역사왜곡 반대 시정촉구 결의문	후소샤교과서 불채택요청 서한	계
4/3 이전	3		3
4/9 - 4/14	8		8
4/16 - 4/21	11		11
4/23 - 4/28	17		17
4/30 - 5/5	2		2
5/7 - 5/12	4		4
5/14 - 5/19	1		1
5/21 - 5/26	1		1
5/28 - 6/1	1		1
7/2 - 7/7	1	1	2
7/9 - 7/14	14	28	42
7/16 - 7/21	14	31	45
7/23 - 7/28	7	4	11
7/30 - 8/4	1	1	2
8/6 이후	1	1	2
날짜 미상	1	4	5

<표 4>에서 알 수 있는 중요한 사실은, 폭발적 움직임에는 반드시 전조가 있다는 점이다. 2002년 고등학교 일본사 검정결과 『최신일본사』가 '독도는 일본 땅'이라는 충격적 내용을 담고 있었지만 그 여파가 오래가지 못했다. 『최신일본사』가 한국민들이 보기에 어느 날 갑자기 터진 것이라면, 후소샤교과서는 최소한 한두 달 전부터 국민들이 그 결과를 예의주시하고 있었다는 점이다. 곧 '설마'와 '그래도'라는 심정으로 일본측의 성의있는 자세를 기대했지만 그것이 충

족되지 못할 경우의 파장은 실로 예측하기 힘들 정도였다.

다음으로 후소샤교과서 불채택요청 서한을 분석해보자. 불채택요청 서한은 자매도시를 대상으로 하기 때문에 참여할 수 있는 지방자치단체가 애초부터 제한될 수밖에 없는 한계가 있다. 필자가 확인한 바에 따르면 53개 광역시도 및 시군에서 서한을 발송했다. 한국의 자매도시로부터 후소샤교과서 불채택요청 서한을 받은 일본의 지방자치단체는 도도부현 6, 시 40, 정 18, 촌 4곳 등 모두 68곳이었다. 이 중에서도 강원도 및 강원도의 시·군과 자매결연을 많이 맺은 돗토리현(鳥取縣)이 11곳으로 가장 많았고, 시가현(滋賀縣) 5곳, 야마구치현(山口縣)·후쿠오카현(福岡縣) 등이 4곳이었다. 불채택요청 서한은 일본의 47개 도도부현 중에서 30개 도도부현에 전달되고 영향을 미쳤다.

보통 지방자치단체의 장이 불채택요청 서한을 보냈지만, 지방의회 등에서는 단호한 의지를 담은 결의문을 동봉해 전달하는 경우도 많았다. 원래 일본의 자매도시 방문이 예정되어 있던 지방자치단체에서는 방문길에 직접 서한을 전달하고 협조를 요청하기도 하였다. 강원도 동해시와 충청북도 옥천군이 그 대표적인 예이다. 경기도 의정부시와 전라남도 나주시는 이미 4월에 역사왜곡에 대한 항의로 교류 중단을 선언하기도 하였다. 그밖에 일본과 자매결연을 맺지 않은 자치단체들은 다양한 방법으로 일본의 역사교과서 왜곡문제에 대처했다. 강화군처럼 규탄대회를 개최하거나 구청 주최로 시민들에게 역사왜곡의 실상을 알리고 결의를 모은다든지(인천 계양구, 광주 광산구) 경기도 오산시처럼 관내 거주 일본인들과 교류회를 갖기도 하였다.

<표 5> 한국지방자치단체가 일본의 자매도시에 전달한 후소샤판 불채택요청 서한 현황

	도도부현 都島府縣	시 市	정 町	촌 村	계		도도부현 都島府縣	시 市	정 町	촌 村	계
北海道		2			2	三重縣					0
靑森縣		1	1	1	3	大阪府					0
岩手縣					0	京都府		2			2
宮城縣					0	兵庫縣		2			2
秋田縣		1			1	滋賀縣		2	3		5
山形縣					0	奈良縣				1	1
福島縣					0	和歌山縣		1	1		2
東京都		2			2	德島縣					0
神奈川縣		2	1		3	香川縣			1		1
茨城縣					0	愛媛縣					0
栃木縣					0	高知縣					0
群馬縣					0	鳥取縣	1	3	7		11
埼玉縣		3			3	島根縣	1	2			3
千葉縣					0	岡山縣		2			2
新潟縣					0	廣島縣		2			2
長野縣				1	1	山口縣	1	3			4
山梨縣	1				1	福岡縣		3	1		4
富山縣			1		1	佐賀縣		1			1
石川縣		1			1	長崎縣					0
福井縣		1			1	熊本縣	1		1		2
靜岡縣					0	大分縣		1			1
岐阜縣		2			2	宮崎縣			1	1	2
愛知縣		1			1	鹿兒島縣	1				1
沖繩縣					0	총계	6	40	18	4	68

2. 지방자치단체의 역사왜곡 반대운동

1) 결의문 채택과 대응방침

일본교과서의 역사왜곡 문제를 바라보는 한국인들의 생각은 어떠한가? 지방의회의 결의문에는 이 문제를 바라보는 보통 한국인의 인식이 잘 반영되어 있다. 결의문마다 약간의 편차는 있지만 전체적으로 기본적 문제인식과 해결책은 대동소이하다.

먼저 일본교과서의 역사왜곡이 나타난 배경으로 일본사회의 우경화 현상이 지적되었다. 그렇지만 우경화 현상이 왜 대두되었는가, 역사교과서 문제 외에 우경화를 나타내는 주요한 현상은 무엇인가에 대해서는 별로 언급하고 있지 않다.

그리고 그러한 왜곡을 주도하는 단체로서 역사교과서 왜곡파문을 일으킨 '새로운 역사교과서를 만드는 모임'이 거론되었다. '새역모'를 보통 우익단체라 부르지만, 일부에서는 극우단체 또는 극우반동집단이라 하여 역사를 거꾸로 돌리려는 세력으로 규정하였다. 이와 함께 교과서의 검정을 일본정부가 관장한다는 점에서 역사왜곡 문제가 사실상 일본정부의 묵인 아래 진행되었다고 보았다. 따라서 '결자해지(結者解之)'라는 입장에서 일본정부에게 자기의 잘못을 인정하고 검정통과의 철회 또는 왜곡된 부분을 수정할 것을 촉구하는 것으로 나타났다.

문제의 발단이 된 역사왜곡의 내용은 대개 비슷했지만 지역에 따른 특수성을 보이기도 하였다. 대체로 역사왜곡과 축소·은폐의 구체적 사실로서 임나일본부, 일제의 한국강점, 성노예(위안부)문제의 누락, 태평양전쟁 말기 강제동원의 축소, 태평양전쟁의 성격 왜곡 등이 지적되었다. 한편 '왜구의 본거지'로 지목된 제주도에서는 다른 사례들과 병행하여 이 부분을 집중 성토하고 시정을 요구하였다. 정읍시의회도 청일전쟁과 일제의 조선침략의 배경이 된 '동학농민봉기'에 대한 바른 역사인식을 촉구하였다.

일본교과서의 역사왜곡이 가져올 문제점으로 여러 가지가 지적되었다. 그 중에서도 1998년 양국 정상이 합의한 「21세기 새로운 한일 파트너십 공동선언」과 2002년 월드컵 공동개최로 고양된 한일 간의 우호적 분위기가 훼손될 것이라는 전망이 많았다. 특히 왜곡된 교과서가 일본제국주의를 정당화시켜 자국 국민에게는 긍지와 자부심을 주는 대신에 이웃 국가의 국민에게는 모멸감을 주었다는 점이 강조되었다. 또 일본이 이런 오만한 역사인식을 견지하는 한 그들이 추구하는 아시아의 리더국가 또는 세계의 지도국가가 결코 될 수 없음을 충고하였다.

두 번째로 교과서의 역사왜곡은 황국사관의 부활과 함께 일본이 다시 군국주의로 나아가는 게 아닌가 하는 의구심을 불러일으켰다. 특히 태평양전쟁을 '대동아전쟁'이라 부르면서 침략전쟁이 아닌 자존자위전쟁으로 왜곡하고 나아가 백인종으로부터 황인종을 해방시킨 아시아민족해방전쟁으로 미화한 데서 잘 드러난다고 보았다. 다만 '군국주의화' 주장이 자위대의 해외파병, 평화헌법 제9조의 개정을 통한 일본의 재무장, 국기·국가법의 제정, 유사법제의 제정 기도 등 현재 진행중인 제반 현상들과 관련하여 충분히 설명되고 있지는 못하다. 따라서 교과서문제가 일본과 그 주변국가들 간에 군사적 긴장을 불러일으킨다는 점이 설득력 있게 전달되지 못하였다.

세 번째로 자라나는 청소년들에게 그릇된 역사적 사실과 왜곡된 역사인식을 심어준다는 점에서 우려를 낳았다. 체험에 근거한 앞선 세대의 적대감을 후손들에게 전하지 않기 위해서는 사실에 근거한 올바른 역사교육 외에 다른 방도가 없다. 그렇기 때문에 역사교과서의 왜곡은 '젊은 세대가 (양국간의 과거 불행한) 역사에 대한 인식을 심화시키는 것이 중요'하다는 「21세기 새로운 한일 파트너십 공동선언」을 정면으로 부정하는 것으로 비쳐졌다. 더욱이 과거의 역사적 과오를 답습하는 일본정부의 행태는, 과거의 잘못을 철저히 반성할 뿐 아니라 교육을 통해 관철시키는 독일과 비교되었다.

역사왜곡을 바로잡기 위한 방침으로 다음과 같은 안들이 제안되었다. 자치단체가 직접 추진할 수 있는 일로서 의원들의 일본지역 방문 및 일본과의 교류 중단, 일본제품 불매운동, 규탄대회 등이 결의되었다. 한국정부에게는 보다 단호한 조치를 취할 것을 요구했다. 구체적으로 ① 일본 대중문화 개방일정의 연기 등 교류사업의 축소, ② '천황' 호칭을 재고하여 '일왕'으로 부를 것, ③ 일본의 유엔안보리 상임이사국 진출 반대를 위한 활동, ④ 국제사회에서의 지속적 환기, ⑤ 왜곡교과서 관련 인사들의 한국입국 금지 등을 요구했다. 이러한 제안은 대개 정부의 대응방침으로 세간에 알려진 내용들로서 참신한 면은 부족했지만 한국정부의 대응방침을 한국민과 지방자치단체가 적극 지지한다는 의미가 있었다.

2) 불채택운동의 전개와 그 특징

　2001년 일본 역사교과서 왜곡저지 운동에서 지방자치단체가 적극적으로 참여할 수 있었던 것은 일본 중학교 교과서 채택제도를 적극 활용한 까닭이다. 일본의 교과서제도는 1종(사실상 국정)인 한국과 달리 검정제도를 택하고 있다. 각 출판사가 배포한 '견본본'을 비교분석하는 '교과서전시회' 기간을 거친 뒤, 시·정·촌 교육위원회가 4년 동안 관내의 모든 중학교에서 사용될 교과서를 결정한다. 한국 지방자치단체의 불채택요청 서한은 모두 이 시·정·촌 교육위원회를 겨냥하였다.

　그런데 한국에서 이러한 일본의 교과서 채택과정을 제대로 알고 있는 단체나 개인은 드물었다. 단행본으로 출간된 '새역모' 교과서를 직접 구해볼 수 있었지만 이마저도 제한된 범위였고, 대부분의 국민들은 한국정부의 수정요구안 35개 항을 통해 일본 교과서의 역사왜곡 전모를 파악하는 실정이었다. 따라서 4월부터 고양된 지방자치단체들의 결의는 한국민들의 결연한 의지를 보여주고 있었지만, 고립분산적으로 진행된 채 마땅한 활로를 찾지 못하고 있었다. 또한 한국정부는 수정요구를 통해 일본정부를 압박할 수 있었지만, 각 지방자치단체의 소관인 교과서채택과정에 참여하기는 어려웠다.

　한편 4월 23일에 상설운동체로 출범한 일본교과서바로잡기운동본부는 6월까지 재수정운동에 전력을 기울이는 한편으로 여의치 않을 경우 불채택운동을 국면 변화에 따른 주요한 운동방향의 하나로 설정해놓고 있었다. 6월 30일 일본교과서바로잡기운동본부는 전국의 광역·기초자치단체, 광역·지방의회, 교육위원회, 교육청 등 600여 곳에 후소샤교과서의 불채택운동에 참여할 것을 요청하는 협조공문을 발송했다. 7월 6일 춘천시의회를 필두로 각 지방자치단체와 지방의회의 불채택운동 참여가 잇달았다. 더욱이 7월 9일 한국정부의 수정요구안을 사실상 거부한 일본정부의 공식답변이 나온 뒤 이러한 경향에 불이 붙었다.

　일본교과서바로잡기운동본부가 방향을 제시하고 언론에서 불채택운동을 고무시켰지만, 불채택운동의 기본적 동력이 자치단체들에 있었음은 두말할 필요도 없다. 불채택운동에서 나타난 몇 가지 특징을 살펴보면 다음과 같다.

　첫째, 의회와 자치단체 간의 또는 광역·기초자치단체 간의 긴밀하고 조직적인 대응이다. 강원도를 예로 살펴보자. 춘천시의회가 7월 6일 불채택요청 서한을 발송한 후 강원도에서는 일본과 자매결연을 맺고 있는 시·군이 모여 '후소샤교과서 불채택 범국민 운동'을 전개할 것을 결의했다. 7월 11일 강원도지사를 시작으로 춘천시, 강릉시, 동해시, 삼척시, 속초시, 횡성군, 영월군, 화천군, 양구군, 인제군, 고성군, 양양군 등이 자치단체장 또는 의회 이름으로 불채택요청 서한을 발송했다. 이와 함께 8개 시·군에서 일본 자매도시와의 하반기 교류사업을 유보했다. 7월 16일 강원도의회가 돗토리현과의 교류예산 집행을 유보했듯이, 각 지방의회에서 시·군민 여론을 감안하여 내린 결정이었다.

둘째, 불채택요청 서한을 자매도시의 단체장뿐만 아니라 관련기관에도 발송했다는 점이다. 춘천시의회는 시의회의장, 시장, 교육장, 일한친선협회장 등 영향력을 끼칠 수 있는 모든 기관의 장에게 서한을 발송했다. 경상북도지사를 비롯하여 경상남도, 전라남도 목포시장은 중국의 자매도시에도 서한을 보내 일본의 역사왜곡에 공동대처할 것을 호소했다. 또 서울특별시 교육위원회와 전국시도교육위원회 일동으로 발송된 서한은 일본의 모든 시·정·촌 교육위원회를 수신대상으로 하였다.

셋째, 불채택요청 서한을 받은 일본의 자매도시 단체장들은 대부분 답신을 보내왔다. 답신도 채택결정 전과 결정 후로 나눌 수 있다. 교과서 채택 전에 온 답신은 이러한 사태까지 오게 된 데 대해 유감을 표시하면서 채택은 교육위원회의 소관사항이지만 한국측의 입장을 널리 알리겠다는 내용이었다. 채택 후의 답신은 대부분 해당 도시에서 후소샤교과서를 채택하지 않았으니 교류재개를 원한다는 내용이었다. 이어 한국에서도 후소샤교과서의 불채택에 대해 감사하다는 서한을 보냈다.

넷째, 불채택요청 서한에 대한 일본 내의 반향이다. 경남도지사의 서한을 받은 나가사키현(長崎縣) 지사는 서한을 일본 외무장관 및 문부과학장관, 총무장관에게 송부하여 상황의 심각함을 알렸다. 또한 경남도지사의 서한 전달 소식은 각 지역의 신문들, 곧 『주고쿠신문(中國新聞)』, 『야마구치신문(山口新聞)』, 『사가신문(佐賀新聞)』 등에 일제히 실렸을 뿐만 아니라 『요미우리신문(讀賣新聞)』, 『아사히신문(朝日新聞)』 등의 중앙일간지에도 게재되었다. 이러한 현상은 한국측의 서한을 받은 대부분의 일본 지역에서 흔히 볼 수 있었다.

맺음말

2001년 일본교과서 역사왜곡에 대한 한국 지방자치단체들의 활동은 가히 폭발적이었다. 굳이 '새역모'의 기자회견 내용을 들지 않더라도 7월 이후 교과서 문제로 한국의 언론을 장식한 기사는 대부분 지방자치단체의 활동이었다. 왜곡된 교과서의 검정통과 철회와 재수정을 관철시키지는 못했지만, 그러한 활동 덕분에 후소샤교과서가 현장에서 쓰여지는 최악의 사태만은 막을 수 있었다.

서두에서도 이야기했듯이 앞으로 역사교과서 왜곡문제는 과거처럼 잊을 만하면 나타나는 것이 아니라 4,5년 내에 2001년보다 더욱 조직적으로 전개될 전망이다. 당장 올해만 하더라도 고등학교용 『최신일본사』의 역사왜곡이 재연되었다. 중학교와 달리 고등학교의 교과서 채택권은, 지역 교육위원회의 권한이 아니라 개별 학교가 행사한다. 그러한 이유로 작년과 같은 『최신일본사』 불채택 운동을 전개하기는 매우 힘든 실정이다.

게다가 일본정부는 예년과 달리 교과서 검정과정을 철통같은 보안에 부쳐, 교과서의 내용이 미리 폭로됨으로써 생길 수 있는 소지를 아예 없애버렸다. 또 일본정부는 '눈가리고 아웅' 하는 식의 서술과 왜곡의 본질이라 할 수 없는 한국정부의 작년 요구사항을 수용하여 교과서 검정에서 '한국을 배려'하였다고 자화자찬하였다. 월드컵 공동개최에 발목잡힌 한국정부는 『최신일본사』를 제대로 분석해보지도 않은 채 일본정부의 견해를 긍정적으로 평가하는 데 급급했다.

이러한 현상이 단지 올해로 그친다고 할 수 있을까. 한국(일본교과서바로잡기운동본부)과 일본(어린이와 교과서 전국네트21)의 시민단체가 4월 9일의 기자회견에서 밝힌 것처럼, 『최신일본사』는 최악의 교과서이며 후소샤교과서와 그 본질을 같이하고 있다. 절대로 '교과서의 개선'이라고 할 수 없는 상황이다. 이러한 상황은 소학교 교과서 검정이 예정된 2004년과 중학교 교과서 검정이 있을 2005년에도 반드시 재연될 것이다. '새역모'와 일본정부는 2001년의 실패와 2002년의 '성공'을 바탕으로 훨씬 간교한 수단을 쓸 것이다.

그런데 일본의 시민들이 왜 후소샤교과서의 불채택운동에 적극적으로 나섰는지, 한국민은 잘 이해하지 못한다. 교과서운동에 적극적으로 참여한 일본의 시민들은 일본이 다시 전쟁을 할 수 있는 나라가 되는 것을 반대한다. 교과서의 역사왜곡, 특히 침략전쟁의 본질을 왜곡하고 전쟁을 미화하려는 교과서 서술은 지난

50여년 간 일본을 지탱해온 평화헌법 체제를 무너뜨리는 데 목적을 두고 있다. 자신들이 일으킨 전쟁으로 인해 피해를 본 수많은 사람들에게 사죄하는 마음으로, 다시는 전쟁을 하지 않겠다는 맹세를 담은 게 일본의 헌법 제9조이다. 일본의 우익세력들은 '자위자존'을 이유로 재무장을 꾀하고 있다. 그리고 전쟁에 부정적인 국민 여론을 불식시키기 위해 태평양전쟁을 '범죄'가 아니라 '자위자존'을 위한 불가피한 행위였다고 강변하는 것이다. 그리고 교과서라는 '합법적' 검정과정을 통해 역사적 진실로 둔갑시키려 하고 있다.

일본의 양심적인 시민들은, 자신들의 아이들이 다시 전쟁의 희생자가 되지 않기를 바라는 마음에서 후소샤교과서 불채택운동에 나섰다. 또 그 연장선에서 식민지 지배로 피해를 입은 한국민에게 진심어린 사죄를 하고 있다. 이러한 '양식 있는 지방자치단체와 시민', 여기에 앞으로 교과서 문제 해결의 활로가 있다. 한국의 지방자치단체들이 2001년과 같은 방식으로 대응해서는 승산이 없다. 불채택요청 서한이나 결의문에 나타난 지방자치단체의 역사왜곡에 대한 강경하고도 단호한 의지는 일본의 '양식 있는 지방자치단체와 시민'들에게 충분히 전달되었다.

다시 말해 한국의 지방자치단체들은, 새로이 교과서문제가 불거지기 전에 '양식 있는 지방자치단체와 시민'을 많이 만들어내야 한다. 이를 위해서는 현재 진행되고 있는 교류프로그램에 과거의 불행한 역사를 이해할 수 있는 내용을 더욱 보강해야 한다. 그리고 한국민이 원하는 것은 말장난이 아닌 일본국민의 가슴에서 우러나온 '사죄와 반성'이라는 점을 이해시켜야 할 것이다. 그럴 때 "결코 잊을 수는 없지만 기꺼이 용서할 것"이라는 한국민의 마음을 일본인들이 이해할 수 있을 것이다. 일본교과서의 역사왜곡은 한국이나 중국에 관련된 문제이기도 하지만 본질적으로 일본의 문제이다. 다시 말해 그 문제를 해결할 주체는 일본 내에 있다는 점을 기억하고 준비해나간다면 더이상 한국과 일본의 양 국민이 서로를 불신하는 사태는 전개되지 않을 것이다.

《참고문헌》

『일본역사교과서, 무엇이 문제인가』, 이원순·정재정 편, 2002, 동방미디어
『문답으로 읽는 일본교과서 역사왜곡』, 일본교과서바로잡기운동본부, 2001, 역사비평사
『일본교과서바로잡기운동본부 2001활동보고서』, 일본교과서바로잡기운동본부, 2002
『위험한 교과서』, 타와라 요시후미 저, 일본교과서바로잡기운동본부 역, 2001, 역사넷
「일본의 역사왜곡에 대한 한국사회의 대응(1965~2001)」, 『한국근현대사연구』 17, 신주백, 2001
「2001년 한국의 교과서운동과 향후 전망」, 『역사문제연구』 7, 이신철·장신, 2001, 역사비평사

일본의 역사왜곡 시정촉구
성명서

1

날짜 : 2001년 3월 26일
제목 : 결의문 「일본정부는 역사교과서 왜곡을 즉각 철회하라!」
주체 : 충청남도 교육위원회

　최근 일본 내의 우경화 조짐이 심화되고 있는 가운데 "새로운 역사교과서를 만드는 모임"이 검정 신청한 2002년도 일본 중학교 역사교과서는 일제 침략과 관련한 역사적 사실을 삭제 또는 합리화하는 등 역사를 왜곡하고 있어 우리 교육위원 일동은 경악을 금할 수 없으며, 만일 일본정부가 미온적으로 대처한다면 군국주의 망령을 되살리려는 극우단체의 행동을 은연중 부추기고 동조하는 것이라는 의혹을 가질 수밖에 없다.

　우리는 잘못된 역사에 대한 진정한 반성을 도외시한 채 역사적 사실은 밝히지 않고 태평양전쟁을 아시아해방전쟁으로 미화하고, 종군위안부 문제 및 한일합방에 대하여는 사실적으로 기록하지 않는 등 이렇게 왜곡된 내용을 담고 있는 역사교과서를 채택하여 사용할 경우 한 · 일 관계는 물론 일본의 미래에도 불행한 결과가 초래될 것임을 엄중히 경고한다.

　또한 일본의 신세대들에게 과거 역사에 대한 잘못된 인식을 심어주게 될 왜곡된 역사교과서를 채택하고 이를 지지하는 일부 정치인의 망언이 계속될 경우 한국, 중국을 비롯한 아시아 모든 국가와 일본 간에 새로운 갈등과 반목이 더욱 심화되어 일본은 스스로 국제사회에서 고립을 자초하게 될 것이다.

　역사의 진실을 밝히고 과거의 잘못에 대하여 진정한 반성을 할 때만이 평화적인 미래가 보장된다는 점에서 우리 교육위원 일동은 왜곡된 역사를 바로잡는 데 일본정부가 보다 강력하고 적극적으로 대처해나가길 촉구하며 다음과 같이 우리의 결의를 밝힌다.

· 일본정부는 역사 왜곡을 방조하지 말고 진실된 역사만을 밝혀라.
· 일본정부는 올바른 역사 인식하에 왜곡된 역사교과서 검정 절차를 바로잡고 군국주의 망령을 되살리려는 우익단체의 역사왜곡 행위를 즉각 철회하라.

2

날짜 : 2001년 4월 ○일
제목 : 성명서 「일본정부는 인류양심을 부인하는 역사교과서 왜곡행위를 즉각 시정하라」
주체 : 전국시·군·자치구의회 의장회 회원 일동

오는 2002년부터 사용하게 될 일본 중학교 역사교과서는 한결같이 과거사를 축소·왜곡하여 기술하고 있음에도 문부과학성의 검정을 통과한 것은 일본이 과거 역사를 반성하기는커녕 왜곡된 역사를 학생들에게 주입하려는 것으로, 이는 제국주의의 망령이며 지난 침략행위의 연장인 동시에 아시아 지역 평화에 대한 중대한 도전이라 아니할 수 없다.

이와 같은 일본 우익단체의 근시안적이고도 소아병적인 자세는 일본의 미래 세대는 물론, 장차 아시아 각국과의 선린우호관계에도 아무런 도움이 되지 않을 것임을 분명히 알아 문부과학성은 이성적 판단 아래 왜곡된 역사교과서의 출간을 즉각 중단할 것을 강력히 촉구하며 우리의 결의를 다진다.

1. 일본정부는 "역사는 잊을 수는 있어도 바꿔 쓸 수는 없다"는 역사관에 입각하여 보편적 가치관의 진정한 양식에 국수주의 성향의 왜곡된 역사교과서 검정 승인을 재검토할 것을 강력히 촉구한다.

1. 일본 군국주의의 피해를 본 아시아 제국민에 대한 도전이며 민주주의와 평화를 희구하는 세계인류에 대한 배신 행위인 역사왜곡 행위를 즉각 중단할 것을 촉구한다.

1. 일본은 유엔안보리 상임이사국 진출을 통하여 아시아의 리더와 세계강국을 꿈꾸기 전에, 제국주의의 침탈과 전쟁범죄 그리고 인명살상 등의 국가범죄 행위를 반성하고 역사를 왜곡하기에 급급한 국가의식부터 개혁하라.

1. 정부에서는 역사교과서 왜곡이 시정될 때까지 일본 대중문화의 추가 개방 전면 재검토를 비롯하여 교과서 관련 일본 인사들의 입국 금지, 천황호칭 배제 운동 등 강력한 대응책 마련을 촉구한다.

3

날짜 : 2001년 4월 10일
제목 : 일본의 교과서 역사왜곡에 대한 규탄문
주체 : 강원도 교육위원회 의장 김원하 외 위원 일동

최근 일본정부는 극우단체인 '새 역사교과서를 만드는 모임'이 집필한 2002년
도 일본 중학교 역사교과서의 7종을 검정 통과시킴으로써 대한민국 국민들에게
말할 수 없는 충격과 분노를 금치 못하게 하고 있다.

검정 통과된 내용을 보면 태평양전쟁을 아시아 민족해방운동으로 호도, 미혼
여성들을 무차별 징발하여 성의 노예로 삼은 종군위안부 문제의 삭제, 고구려·
백제·신라의 있지도 않은 조공사실의 날조, 고종황제의 수결이 누락된 한·일
합방의 합법성 등등 이루 헤아릴 수 없이 많은 역사 기록을 삭제, 날조, 왜곡하
고 있다.

1990년대 중반부터 자국내의 이른바 "자학사관" 극복을 주장하며 일본의 과
거 침략전쟁을 정당화하고 주변국들에게 입힌 피해 사실에 대해 왜곡을 일삼아
온 국수주의자 그룹이 교과서 채택에 공식적으로 개입한 것은 간과할 수 없는
문제이다.

침략행위를 정당화한 교과서가 통과된 것은 군국주의 침략에 이은 또 한번의
정신적 침략행위로서 세계평화에 대한 정면적 도전행위로밖에 볼 수 없을 것이
다.

일본정부는 인류의 평화와 세계 각국의 공존번영 차원에서 대한민국 국민의
분노를 직시해야 하며 이를 망각한다면 역사의 수레바퀴에 의해 준엄한 심판을
받을 것이다.

이에 우리 강원도 교육위원 일동과 강원교육 가족은 일본의 역사침략 행위를
온 국민과 함께 분노하며 일본정부에 대하여 다음과 같이 강력히 촉구하는 바이
다.

· 일본교과서 역사왜곡 검정 통과는 제2의 침략행위로 이를 강력히 규탄한다.
· 일본정부는 자라는 2세들에게 왜곡된 역사교육을 시킴으로써 우경화한 제
국주의 회귀 망상을 즉시 중단하라.
· 일본정부는 역사왜곡 교과서 검정 승인을 즉각 철회 및 재수정하고 통렬한

자기 반성을 통하여 침략역사 왜곡을 즉각 중지토록 조치하라.

4

날짜 : 2001년 4월 10일
제목 : 일본국의 역사교과서 왜곡 중단촉구 결의안
주체 : 대전광역시 서구의회 의원 일동

대전광역시 서구 48만 구민과 서구의회 의원은 일본정부가 다음 세대를 이어 살 청소년들에게 올바른 역사관을 심어줌으로써 국제사회의 기대에 부응하고 한·일 우호관계를 발전시켜나가야 한다는 인식을 같이하며, 최근 일본정부에서 일제의 침략사 등 과거사에 대하여 왜곡 기술한 중학교 역사교과서를 검정과정에서 바로잡지 않은 채 통과시킨 것은 과거사에 대한 반성과 사죄를 도외시한 채 오히려 왜곡된 역사교육을 하려는 것으로 깊은 우려와 함께 다음과 같이 결의한다.

1. 일본정부는 2002년부터 사용될 8종의 중학교용 역사 및 공민교과서에 잘못 기술된 과거사에 대한 축소·왜곡한 부분을, 1982년 일본정부가 발표한 "외국관계 기술은 국제이해와 국제협조 차원에서 필요한 배려를 한다"는 원칙에 충실하게 바로잡아 국제이해와 인류평화에 기여할 수 있도록 노력할 것을 촉구한다.
1. 일본정부는 다음 세대의 주역인 일본의 청소년들이 올바른 역사관을 갖고 동북아시아의 일원으로서 인접국과 공존·공영할 수 있도록 사실 그대로의 역사를 배울 수 있게 노력할 것을 촉구한다.
1. 일본이 과거 우리 민족에게 고통과 피해를 주었음에도 이에 대한 본질적인 역사적 사실은 숨긴 채 과거사를 축소 왜곡시키는 것은 우리에게 또다시 고통과 피해를 주는 또다른 역사적 오류를 범하는 것임을 깊이 인식할 것을 촉구한다.
1. 일본의 교육자를 포함한 양식있는 일본국민들은 왜곡된 교과서를 채택하지 말 것을 기대하며, 우리 정부도 미온적인 태도에서 벗어나 강력하고 당당하게 대응할 것을 촉구한다.
1. 우리 대전광역시 48만 서구민과 서구의회 의원 모두는 일본의 왜곡된 역사

교과서로 인한 군국주의 부활을 우려하며, 한·일 양국 우호관계를 훼손시키지 말 것을 엄중히 경고하며, 역사적 사실에 충실한 교육을 위하여 잘못된 역사교과서의 검정 철회를 거듭 촉구한다.

5

날짜 : **2001년 4월 12일**
제목 : 일본의 역사교과서 왜곡 규탄 결의문
주체 : 대구광역시의회

　우려했던 대로 일본정부는 극우단체인 '새 역사교과서를 만드는 모임'이 신청한 중학교 역사교과서를 검정에서 통과시켰다. 이웃나라를 침범한 가해자 일본이 피해자인 한국과 중국의 격렬한 항의에도 불구하고 역사왜곡 교과서에 대해 일부 내용이 수정·보완되었고, 사실관계 기술에 문제가 없다고 결론을 내린 것은 도저히 묵과할 수 없는 일이다.

　교과서 문제는 과거를 잊고 국제사회의 일원으로서 동반자 관계를 유지하길 바랐던 한국 국민들에게 반일감정을 촉발시킨 사건으로 일본정부의 이번 결정은 한일 우호관계를 고려해 엄중히 경고하면서 다음과 같이 결의한다.

　하나. 일본정부는 부끄러운 과거사를 축소·왜곡하는 역사교과서 채택을 즉각 중단할 것을 촉구한다.

　하나. 일본정부의 역사교과서 검정통과로 빚어질 양국 관계의 불안한 미래에 대한 책임이 전적으로 일본에 있음을 다시 한번 천명한다.

　하나. 역사의 진실이 일본사회에서 제대로 알려지고 교육될 때까지 양심적인 일본인들은 물론 아시아 피해국들과 함께 강력히 투쟁할 것임을 밝혀둔다.

　하나. 우리 정부는 일본의 역사왜곡에 대해 모든 외교적 절차를 통해 시정되도록 강력한 입장을 취할 것을 구한다.

6

날짜 : 2001년 4월 12일
제목 : 일본 역사교과서 왜곡시정 촉구 결의문
주체 : 서울특별시 성동구의회 의원 일동

　지금 일본은 경제대국에 상응하는 정치대국, 군사대국으로의 길을 모색하기 위하여 역사교과서를 왜곡함으로써 과거의 침략전쟁을 미화하고 변호하려 하고 있으나 이는 전쟁에 대한 부정적인 인식의 해소와 황국사관 회귀의 자국 중심적 사관에 입각하여 과거 잘못을 합리화하고 미화하는 것에 지나지 않을 뿐, 왜곡된 역사교육을 받게 될 일본 젊은이들의 미래를 생각할 때 실로 우려를 금할 수 없다.

　일본은 한국과의 관계에서 "21세기 미래지향적 새로운 한일 파트너십 공동선언"과 "2002년 월드컵 공동개최국으로서 파트너십"의 선린우호국의 관계유지는 물론 유엔 안전보장이사회 상임 이사국으로 진출하려는 국제사회의 리더국으로서의 지위를 유지하려 한다면 왜곡된 역사교과서는 반드시 재수정되어야만 한다.

　독일 역사교과서의 나치만행 기술과 영국교과서의 인도학살과 아편전쟁 기술에서 보듯 갈수록 엄정해지고 있는 유럽의 역사 인식과는 크게 비교될 뿐 아니라 더욱이 자국의 노벨문학상 수상작가를 필두로 대학교수, 지성인들조차도 "역사만드는 모임"의 이데올로기를 쇄국정신이라며 강력히 비판하고 있는 시점에서 역사교과서 왜곡이라는 역사인식의 후퇴는 결국 일본이 "세계로부터 고립"될 수밖에 없을 것임을 경고하는 바이다.

　보국안민(輔國安民)을 내건 민중항쟁인 동학혁명을 폭동으로 폄하하고, 일본에 의해 강제적으로 체결된 한일합방을 조선 근대화에 공헌했다고 억지주장을 하는가 하면 태평양전쟁을 아시아 국가의 독립을 위한 것으로 침략전쟁을 미화하고 있으며 간토(關東)대지진 때 조선인 피해와 종군위안부에 대한 무언급, 또한 일본의 우월성 부각을 위한 임나일본부설 등의 주요 왜곡사실을 접하면서 우리는 개탄을 금할 수 없다.

　위와 같은 일본 우익단체의 근시안적이고도 소아병적인 자세는 일본의 미래세대와 장차 아시아 각국과의 선린우호관계에 아무런 도움도 되지 않을 것이다. 문부과학성은 1986년 나카소네 야스히로(中曾根康弘) 총리가 문부성을 통해 수차

레 재수정 조치를 내린 전례에 따라 왜곡된 역사교과서의 출간을 이성적 판단 아래 즉각 중단할 것을 촉구한다.

이에 우리 성동구의회 의원 일동은 34만 성동구민과 전의원의 뜻을 모아 다음 과 같이 결의한다.

1. 일본정부는 "역사는 잊을 수는 있어도 바꿔 쓸 수는 없다"는 역사관에 입 각하여 보편적 가치관의 진정한 양식에 따라 국수주의 성향의 왜곡된 역사교과 서 검정승인을 재검토할 것을 강력히 촉구한다.

2. 일본 군국주의의 피해를 본 아시아 제국민에 대한 도전이며 민주주의와 평 화를 희구하는 세계인류에 대한 배신행위인 역사왜곡 행위를 즉각 중단할 것을 촉구한다.

3. 일본은 유엔 안보리 상임이사국 진출을 통하여 아시아의 리더와 세계강국 을 꿈꾸기 전에, 제국주의의 침탈과 전쟁범죄 그리고 인명살상 등의 국가범죄 행위를 반성할 줄 모르고 왜곡하기에 급급한 국가의식의 개혁을 촉구한다.

4. 정부에서는 역사교과서 왜곡이 시정될 때까지 일본 대중문화의 추가 개방 전면 재검토를 비롯하여 교과서 관련 일본 인사들의 입국 금지, 천황호칭 배제 운동 등 강력한 대응책 마련을 촉구한다.

7

날짜 : 2001년 4월 12일
제목 : 일본 역사교과서 왜곡에 대한 재수정촉구 건의안
주체 : 전라북도 정읍시의회 의원 일동

일본의 문부과학성이 2002년도 중학교 역사교과서 8종을 검정한 결과를 보면 서 16만 정읍시민은 분노를 참지 못하고 있으며, 정부의 미온적 대처에 우려를 표명하면서 재수정을 위한 정부의 강력한 대응을 촉구하고자 합니다.

정읍시민은 침략을 미화하고 만행을 축소 삭제한 교과서가 어떻게 일본정부 의 검정을 통과할 수 있었는지 도저히 이해할 수 없으며, 정부는 과거사의 쓰라 린 상처를 잊지 못하고 있는 국민의 심정을 헤아린다면 결코 지금처럼 미온적으

로 대처해서는 안 될 것입니다. 문제가 되었던 130여 곳이 수정되고 표현이 완화되었다고는 하나 왜곡된 인식의 틀에는 변화가 없다는 점에서 정부는 일본에 강력히 재수정을 촉구해야 할 것입니다.

이른바 '새 역사를 만드는 모임'에서 만든 교과서는 침략과 식민지배의 정당화가 특히 심하며 동학혁명의 발상지인 정읍시민은 참으로 분한 마음이 들지 않을 수 없습니다. 이 교과서는 동학농민봉기와 청일전쟁에 대해서 조선에서 동학의 난이라는 농민폭동이 일어나 청과의 합의에 따라 군대를 파견하여 일·청 양군이 충돌함으로써 전쟁이 발발하였다고 쓰고 있습니다. 청일전쟁에 대한 역사적 사실은 동학혁명으로 파견된 청일 양군의 우연한 충돌로 일어난 것이 아니라 십여 년간 전쟁준비를 해온 일본이 동학농민봉기를 개전(開戰)의 기회로 이용해 도발한 것이 역사적 사실인 것입니다.

역사는 덮어놀 수는 있어도 사실을 바꿀 수는 없다는 것이 불변의 진리라 할 수 있습니다. 이러한 불변의 진리마저 외면하는 일본의 오만한 역사인식을 바꾸는 계기가 되도록 모든 국가적 역량을 집결해야 할 것입니다. 남북한 및 중국, 동남아 각국과 공동연대하여 대응하는 방안을 강구하면서 국제여론 환기를 위해 이 문제를 유엔에서 공론화하고, 지난 1998년의 한일 두 정상이 합의한 파트너십 공동선언의 재검토, 일본문화의 개방 중단 등 국민이 납득할 만한 재수정 조치가 이루어질 때까지 정치적·외교적 활동을 잠정적으로 중단하여 우리 정부의 단호한 의지와 행동을 보여주어야 할 것입니다.

갑오동학농민혁명 정신은 곧 정읍시민의 정신인바 이에 정읍시의회 의원 일동은 16만 시민을 대표하여 건의합니다. 정부는 문제의 역사교과서를 검인정한 것은 한일 우호관계를 해칠 수 있는 중대한 사안이라는 사실을 일본정부에 인식시켜 왜곡된 역사교과서를 재수정하도록 강력히 요구할 것을 촉구합니다.

8

날짜 : 2001년 4월 12일
제목 : 일본국의 역사교과서 왜곡시정촉구 결의문
주체 : 충청남도 천안시의회 의원 일동

애국충절의 고장인 천안시의 45만 시민을 대표하는 천안시의회 의원 모두는 최근 주변국들과 자국내 양심적 지식인들의 우려와 경고에도 불구하고 일본국 정부가 일제 과거 침략사 등을 왜곡기술한 중학교 역사교과서를 검정 통과시킨 것에 대해 개탄과 분노를 금할 수 없으며, 일본국 정부의 과거사에 대한 진심 어린 반성과 사죄를 통해 이번 문제를 스스로 시정할 것을 강력히 촉구하며 다음과 같이 결의한다.

1. 일본국 정부가 지난 4월 3일 통과시킨 중학교용 역사 및 공민교과서의 잘못 기술된 과거 침략사에 대한 날조 왜곡 부분을 즉각 재검정 시정조치하고 일본국 정부는 공식 사과할 것을 촉구한다.

1. 일본국 정부는 다음 세대의 주역인 청소년에게 올바른 역사관을 심어주려 는 의지가 있다는 것을 보여줌으로써 국내외 신뢰를 회복하고 국제사회의 책임 있는 일원으로서 상호존중과 건전한 파트너십 관계 유지에 적극 나설 것을 촉구 한다.

1. 일본국이 과거 우리 민족에게 많은 고통과 피해를 주었음에도 이를 정당화 하고 미화하는 굴절된 역사교육이 가져올 소탐대실의 우를 범하지 않도록 상기 하여 과거사에 대한 통절한 반성과 함께 다음 세대가 올바른 역사 교육을 배울 수 있도록 노력할 것을 촉구한다.

1. 우리 정부도 그 동안의 미온적 태도에서 벗어나 일본국의 역사교과서 왜곡 이 시정될 때까지 대중문화에 대한 추가개방 일정을 전면 재검토하고, 일본국의 유엔안보리 상임이사국 진출 반대 및 각종 공문서에 사용되는 일본국 천황 호칭 재고 등 국민적 요구를 반영하여 강력하게 대응할 것을 요구한다.

1. 일본국의 이러한 역사교과서 왜곡은 군국주의와 황국사관의 부활을 추구하 는 것으로 이는 민주주의와 평화를 희구하는 세계 인류에 대한 도전이자 배신 행위라 단정하며, 3·1만세운동의 얼이 서려 있는 자랑스런 고장의 명예와 훼손 된 민족의 자존심을 바로 세운다는 차원에서 일본국의 역사교과서 왜곡의 시정

을 위해 시민과 함께 전력을 다한다.

9

날짜 : 2001년 4월 14일
제목 : "일본 역사교과서 왜곡저지를 위한 조치 촉구" 결의안
주체 : 전국시·도의장협의회 회원 일동

가까우면서도 먼 이웃이라 일컬어져왔던 일본.

어제 오늘의 일이 아닌 일본 역사교과서 왜곡의 본심이 수면 위로 떠올라 침략전쟁으로 식민지, 정신대 등 국가 자존심과 국민징신에 치유될 수 없는 상처를 입힌 일본이 인내와 예절을 덕목으로 하는 우리를 다시 곤혹스럽게 하고 있다.

일본정부가 고대사를 왜곡하고 근대사의 잘못을 은폐·축소시킨 새 역사교과서를 검정 통과시킴으로써 그 피해국들은 물론 국제사회의 양심을 분노시키고 있다.

왜곡된 역사교과서를 통해 일본의 젊은 세대들이 그릇된 역사교육을 받게 된다면 학생들의 가치관 또한 왜곡되어 과거 감정이 문제가 아니라 앞으로도 진정한 한·일 관계는 요원한 것으로 심히 우려하지 않을 수 없다.

지난 과거 우리는 정치인도 기업가도, 일부 국민들까지도 일본의 것이라면 검토·여과 없이 수입·맹종하고 향유하는 것 등을 특권이나 자랑처럼 여겨왔다.

그 결과 대일 무역역조는 우리 경제를 어렵게 하고 청소년들의 급속한 일본문화 모방은 사회 문화의 역기능을 초래하기도 했다.

대일비판 여론이 전 국민적 분노로 들끓고 있는데도 우리 정부가 1998년 10월 한·일 양국의 '21세기 새로운 한·일 파트너십 공동선언'의 선린과 교류에 대한 약속만으로 대처하는 것이라면 이를 재고하여야 할 것이다.

21세기 선진·복지국가를 지향하는 우리는 학교의 역사교육에 대하여도 좀더 많은 시간 할애와 함께 우리 역사에 대한 자긍심을 고취하는 등 내실 있게 개편되기를 바란다.

「전국시·도의회의장협의회」는 과거 잘못에 대한 반성에 인색한 일본정부에

대하여 범정부적으로 강력하게 대응할 것과 양심있는 전세계인들이 우리의 뜻에 전폭적으로 호응해줄 것을 호소하며 다음과 같이 촉구·결의한다.

1. 일본정부는 일부 왜곡된 역사교과서 검정을 철회하고, 왜곡된 역사교과서 검정으로 인한 피해국에 사과하여야 한다.
2. 정부는 왜곡된 역사교과서가 반드시 수정되도록 강력히 대응하고 다음 조치를 취해줄 것을 요구한다.

   1) 일본의 유엔안보리 진출 반대
   2) 일본 대중문화의 추가개방 재검토
   3) 일본내 관련인사들의 한국 입국비자 발급 제한
   4) 관련 주변국과의 연계대응 추진

3. 국회는 왜곡된 일본 역사교과서의 문제 해결을 위해 초당적인 대책을 강구하기 바란다.
4. 각 지방자치단체 및 의회는 일본의 자매결연 현에 대하여 왜곡교과서 채택 저지 및 항의를 전달하고 시민단체와 연계하여 왜곡된 역사교과서가 수정되기를 강력히 촉구한다.

10

날짜 : 2001년 4월 14일
제목 : 일본 역사교과서 왜곡에 대한 시정촉구 성명서
주체 : 대한민국 전국시·도의회의장협의회 회원 일동

대한민국과 일본은 가장 가까운 이웃나라로 협력과 신뢰를 바탕으로 외교관계를 유지하여야 하는 국가입니다. 또한 양국가는 1998년 10월 '21세기 새로운 한·일 파트너십 공동선언'을 하였으며, 이를 유지하고 있습니다.

그러나 최근 일본정부가 고대사를 왜곡하고 근대사의 잘못을 은폐·축소시킨 새 역사교과서를 검정 통과시킴으로써 우리 대한민국은 물론 국제사회의 양심을 분노시키고 있습니다.

　일본 역사교과서의 왜곡은 일본의 침략전쟁으로 인하여 식민지, 정신대 등 대한민국의 자존심과 국민정신에 치유될 수 없는 상처를 입은 우리를 다시 곤혹스럽게 하고 있습니다.

　왜곡된 역사교과서를 통해 일본의 젊은 세대들이 그릇된 역사교육을 받게 된다면 학생들의 가치관 또한 왜곡되어 과거 감정이 문제가 아니라 앞으로도 진정한 한·일 관계는 요원한 것으로 심히 우려하지 않을 수 없습니다.

　이에 우리 「대한민국 전국시·도의회의장협의회」는 일본정부가 왜곡된 역사교과서의 검정철회와 함께 사과 등 대한민국 모든 국민이 납득할 만한 조치를 즉각 취해주기 바랍니다.

　우리는 앞으로의 추이와 진행상황을 면밀히 검토하여 특단의 대책을 강구해 나갈 것이며, 일본정부의 성의 있는 자세를 기대합니다.

11

날짜 : 2001년 4월 18일
제목 : 일본의 역사왜곡교과서 수정촉구 결의문
주체 : 강원도 동해시의회 의원 일동

　일본은 전후 패전국에서 경제대국으로 성장하면서 경제력을 바탕으로 국제사회에서 입지가 강화되어 과거 역사를 미화하고 싶어하는 우익세력의 주도에 의하여 우리가 우려했던 대로 극우단체인 '새 역사교과서를 만드는 모임'이 신청한 교과서를 포함한 8개의 중학교 역사교과서를 검정에서 통과시켰다.

　이들 역사교과서가 역사적인 사실을 날조하고 왜곡, 과장, 축소 또는 미화, 삭제하여 황국사관적 역사인식을 관철하고, 침략전쟁에 대한 당위성을 옹호하며 미화하고 만행을 은폐하는 역사선전물을 교과서라는 이름으로 검정을 통과시킨 일본정부의 군국주의 부활의 망령에 우리와 직접적인 피해 당사자인 중국과 동남아 제국은 물론 세계가 경악과 우려를 보내고 있음을 일본정부는 바로 인식해야 할 것이다.

　특히 "신라와 백제가 일본에 조공을 했다" "일본은 조선에 철도 등의 개발을

했다” “한일합방과 만주침략은 일본의 안전과 만주의 권익을 방위하기 위한 침략이 아닌 진출이다” “동남아의 침략은 인도나 미얀마의 식민지 해방에 기여하였다”고 한국과 중국의 역사를 깎아내림으로써 일본의 우월성을 부각시키기 위한 미화 왜곡된 교과서의 검정에 대하여는 일본의 양심세력과 시민단체들도 과거를 반성할 줄 모르는 제국주의의 오만이라고 규탄하고 있다.

사실을 왜곡, 미화한다고 결코 역사가 덮어질 수 없으며 20세기의 어두웠던 역사를 잊고 국제사회의 일원으로 21세기 새로운 동반자의 관계를 유지하길 바랐던 한민족과 피해당사국에 해묵은 상처만 헤집어내어 반일 감정만을 일으킬 뿐이다.

참다운 과거의 반성 없이 참된 우정도 있을 수 없음을 일본정부와 일본국민은 이제라도 바로 보고 빠른 시일에 잘못된 역사교과서를 재수정하여 피해당사국들의 분노와 증오를 가라앉히고 군국주의 망령에서 벗어나 진정으로 경제대국으로서 일본이 지향하는 국제사회의 리더 자격을 찾을 수 있는 기회를 마련하길 바란다.

1998년 우리 김대중 대통령과 함께 채택한 공동선언에서 일본의 오부치 게이조 전 총리는 한국 국민에게 입힌 손해와 고통에 대해 마음으로부터 사죄하면서 젊은 세대의 역사인식을 심화하기 위한 노력을 다짐했고 이와 같은 역사인식 위에서 김 대통령은 한일관계의 미래지향적인 발전과 일본문화의 개방을 약속했다. 달면 삼키고 쓰면 뱉는 간교하고 얄팍한 상업적인 외교에 민족정서와 정기를 또다시 짓밟힐 수 없다고 생각한다.

때늦은 감은 있으나 주일대사의 소환, 유엔인권위에서 일본군의 위안부 삭제와 왜곡에 대한 성의 있는 조처의 촉구, 국회의 항의서한 전달, 한일 의원연맹총회의 무기연기, 각급 학교의 역사 바로알리기 특별수업과 항의시위, 연일 계속된 언론의 심층보도 등 온 국민의 여망이 담긴 일련의 적절한 조치에 민족의 자존심을 일깨우는 계기가 마련되었다.

정부를 중심으로 정치권은 여야를 초월하여 중국은 물론 아시아의 피해 제국과 연대를 강화하고 북한과의 공동 대응방안 모색, 일본 내의 양심세력 시민운동단체와의 공조 등 가능한 수단과 노력을 총동원해 왜곡 기술된 일본역사교과서는 반드시 재수정되어야 한다.

잘못을 바로잡는 것은 올바른 한일관계를 위해서도 필요한 것이며 다시는 민족의 자존심을 구기는 망령이 일어나지 않도록 근본적인 대책을 마련할 것을 전시민의 이름으로 결의한다.

12

날짜 : 2001년 4월 18일
제목 : 일본 역사교과서 왜곡시정촉구 결의문
주체 : 서울특별시 노원구의회 의원 일동

일본의 침략을 정당화하고 과거 전쟁을 아시아 해방전쟁이라고 기술한 중학
교용 역사교과서 8종을 2001년 4월 10일자로 검정 통과시킨 일본정부(문부성)의
행위는 역사와 인류 앞에 저지른 일본의 범죄 역사를 부정하는 행위로서 현 자
라나는 세대에게 진실을 감추고 군국주의의 부활과 주변국 침략 사실을 은폐하
려는 것이며 또한 새로운 세기의 발전을 저해하는 시도라고 보아 우리 노원구
63만 구민을 대표하는 노원구의회 의원 일동은 일본의 역사교과서 왜곡 사실을
다음과 같이 지적하고 그 시정을 강력하게 촉구한다.

첫째, "신라 백제의 일본 조공"에 대한 기술 부분은 일본 자신의 우월함을 내
비치어 한국지배를 정당화하려는 논리로 역사왜곡을 고대사까지 끌고가 우리의
고대사를 날조하려는 행위로서 그 시정을 촉구한다.

둘째, "조선의 근대화 및 개발 등"에 대한 기술부분인 갑오경장 때의 군제개
혁은 일본의 조선개국 후 결코 우리의 근대화를 돕기 위한 것이 아니었으며 또
한 한국병합 후 철도, 관개시설 정비와 토지조사는 조선을 개발하려는 것이 아
니고 일본의 경제적 수탈을 개발로 미화하려는 것이므로 올바른 역사기술을 촉
구한다.

셋째, "종군위안부에 대한 문제인식"의 삭제에 대하여 태평양전쟁 당시의 종
군위안부 등 부녀폭행에 대한 사실을 삭제한 것은 아직도 정신대할머니가 동시
대에 생존하고 있음을 고의적으로 간과하고 나아가 동시대의 아픔을 회피하려
는 파렴치한 행위로서 역사 앞에 사죄하여야 할 것인바, 일본은 진실 앞에 보다
떳떳해지기를 촉구한다.

넷째, 일제 침략을 진출로, 강화도조약 체결과정의 강제성 표현의 완화, 을사

조약을 구미열강의 지지를 받은 것으로 기술, 3·1운동과정의 일본군 탄압 및
희생자 수의 삭제, 관동대지진의 조선인 학살 및 희생자 수 삭제 등 진실을 의도
적으로 은폐 축소한 데 대하여 분노를 금할 수 없으며 결코 용납되지 않는 행위
로 진정한 반성과 시정을 강력히 요구한다.

위와 같은 일본의 역사교과서 왜곡 사실이 시정될 때까지 우리 노원구의회 의
원 일동은 노원구 63만 구민과 더불어 일본 상품의 불매운동 등 모든 노력을 다
할 것임을 밝히며 다시 한번 일본의 역사교과서왜곡 시정을 강력히 촉구한다.

13

날짜 : 2001년 4월 19일
제목 : 일본의 역사교과서 왜곡중단 촉구 결의안
주체 : 경상북도의회 의원 일동

일본은 역사교과서를 왜곡하여 자라나는 세대에 황국사관적 역사를 심어 평
화와 민주주의를 숭상하는 국제사회와 한국민을 비롯한 동남아 국가들에 대한
명백한 정신적 침략이자 외교적 도발을 자초하고, 인류의 양심을 부인하는 작금
의 교과서 사태에 대한 깊은 우려와 개탄을 금할 수 없어 다음과 같이 결의한다.

1. 일본은 왜곡·축소된 문제 교과서를 재검정하고, 올바른 역사관 정립을 위
해 양심있는 행동을 촉구한다.
2. 문제의 역사교과서는 철저히 황국사관에 맞춘 날조된 교과서로서 미래를
짊어질 청소년들의 올바른 역사의식 교육을 위해 이를 재검정할 것을 강력히 촉
구한다.
3. 정부는 일본의 왜곡된 역사교과서 재검정이 이루어질 때까지 일본 대중문
화 추가개방 취소 및 월드컵 공동개최 전면 재검토와 일본의 유엔 안보리 상임
이사국 진출 반대 등 다각적인 대책을 강구할 것을 강력히 요구한다.
4. 국회는 한·일 의원연맹 합동회의를 소집하여 역사왜곡 문제의 시정을 촉
구하고 만약 시정이 되지 않을 때는 일본과의 친교활동을 중단할 것을 강력히

요구한다.

14

날짜 : 2001년 4월 19일
제목 : "일본 역사교과서 왜곡기술에 따른 시정촉구" 결의안
주체 : 대전광역시의회 의원 일동

우리는 최근 일본의 "새 역사교과서를 만드는 모임"이 2002년판 중학교 역사교과서의 내용 중 일제의 침략행위(36년 간)와 가해사실을 전적으로 부인하거나 왜곡기술한 것을 일본정부가 이를 승인하려는 움직임에 충격과 경악을 금치 못하며, 지금 한일 양국은 과거의 불행한 역사를 극복하고 미래지향적인 관계를 정립하기 위해 다각적인 노력이 더욱 필요한 현실에서 최근 일본의 역사교과서 왜곡 사건은 양국의 우호협력과 동반자 관계를 기대하는 우리 국민들의 가슴에 큰 상처를 입히고 있으며 더구나 일본정부가 왜곡된 역사교과서를 인정하려는 자세는 민관(民官)이 조직적으로 역사를 왜곡하려는 것으로 우리는 이를 심히 우려하고 개탄하지 않을 수 없습니다.

또한 왜곡된 교과서로 배운 일본의 다음 세대가 한국을 포함한 주변국과의 동반자적 관계를 형성할 수 없고, 이후 우리나라도 차세대에 대한 역사적 가치관의 혼란을 초래하게 될 것이며, 왜곡된 일본역사가 세계적으로 오용될 경우 당해국가의 위상에 상당한 저해요인으로 작용하게 될 것입니다.

따라서 우리 대전광역시의회 의원 일동은 깊은 우려의 표시와 함께 다음과 같이 결의합니다.

1. 한일 양국의 동반자적 관계를 저해하는 일본정부의 역사교과서 왜곡을 즉시 중단하고 시정하도록 정부 차원의 적극적인 대처를 촉구한다.

2. 일본정부가 정직한 자기반성과 회개로 참된 화해를 이룬다는 점을 깊이 인식할 수 있도록 대응방안을 모색하고 이를 적극 실천한다.

3. 일본의 왜곡된 역사내용을 논리 정연하게 정리하여 전 교육기관에 전파하고, 우리 학생과 국민들에게 알려 국민적 공감대가 형성될 수 있도록 앞장선다.

4. 자라나는 2세들에게 민족정신을 더욱 함양할 수 있는 내용들을 교육과정에
포함시켜 올바른 역사인식이 항상 살아숨쉬는 사회가 되도록 다같이 노력한다.

15

날짜 : 2001년 4월 20일
제목 : 일본 역사교과서 왜곡시정을 촉구하는 결의문
주체 : 서울특별시 강동구의회

오늘 우리는 멀고도 가까운 나라 이웃 일본에서 일어나고 있는 역사교과서 왜
곡 사실에 대해 실로 안타까움과 우려를 금할 길 없다.

2차대전의 패전국에서 경제대국으로 성장한 일본은 그에 상응하는 정치대국
과 군사대국을 지향하면서 왜곡되고 굴절된 역사의식을 가진 일부 극우세력들
의 망언과 군국주의로의 회귀를 꿈꾸는 자세에 대해 염려하지 않을 수 없다.

그들은 황국사관과 국수주의에 빠져 고대 일본사로부터 근세의 침략전쟁까지
주요한 역사를 모조리 미화하고 변호하기 위하여 "새 역사교과서를 만드는 모
임"을 결성하고 역사는 있는 그대로를 기술한다는 세계의 보편적인 역사관을 외
면하면서까지 그들의 역사를 왜곡하고 있다.

이들의 행태는 자국내 지성인들조차도 비판하고 있는 사실임에도 "세계로부
터의 고립"을 자초하는 잘못된 길을 가고 있다.

그들은 객관적인 고증이나 사실과는 관계없이 우리나라를 예로부터 중국의
속국이었고 가야국이 일본의 식민지였다는 임나일본부설을 주장하고 보국안민
과 제세창생의 기치를 내건 우리나라의 최초 민중혁명인 동학혁명을 폭동으로
비하하고 구한말 강압적으로 체결된 일련의 조약을 위시한 침략행위를 조선의
근대화에 공헌하였다는 억지 주장을 펼치고 있다.

각종 사료들에 의해 명백히 입증된 종군위안부 문제, 관동대지진 발생시에 조
선인에 대한 무자비한 학살과 테러행위 등은 언급하지 않는 등 그들에게 불리한
"있었던 역사적 모든 사실"조차도 부인하는 행위와 독도 영유권 주장 등에 대해
우리는 개탄을 금할 수 없고 그들의 비뚤어진 역사인식에 경악을 금할 길 없다.

이러한 근시안적이고 소아병적인 자세는 진정한 한일 간의 미래지향적인 선

린우호관계와 UN 안전보장이사회 상임이사국으로 진출하여 국제사회의 중심국
으로서 지위를 유지하려는 데 전혀 도움이 되지 않으며 그들에게 피해를 본 동
아시아의 여러 나라와의 관계를 악화시킬 뿐이며 더구나 일본의 미래세대에게
잘못된 역사를 배우게 하여 세계의 보편적 가치로부터 고립시키게 됨을 깊이 인
식하여야 한다.
　이에 우리 강동구의회 의원 일동은 50만 강동구민과 뜻을 모아 다음과 같이
결의한다.

　1. 일본 군국주의의 피해를 본 아시아 제국민에 대한 도전이며 민주주의와 평
화를 희구하는 세계인류에 대한 배신행위인 역사왜곡 행위를 즉각 중단할 것을
촉구한다.
　2. 일본정부는 "역사는 잊을 수는 있어도 바꿔 쓸 수는 없다"는 보편적 역사관
에 의거 일부 극우주의자들의 왜곡된 역사교과서 검정승인을 재검토하여 시정
토록 강력히 촉구한다.
　3. 일본은 유엔 안보리 상임이사국 진출을 통하여 세계의 리더국을 꿈꾸기 전
에 제국주의의 침탈과 전쟁범죄 그리고 인명살상 등의 국가범죄 행위를 반성할
줄 모르고 왜곡하기에 급급한 역사의식의 개혁을 촉구한다.
　4. 우리 정부에는 역사교과서 왜곡이 시정될 때까지 일본 대중문화의 추가 개
방 전면중단을 비롯하여 교과서 왜곡과 그동안 저질렀던 망언 관련 일본 인사들
의 입국금지, 천황호칭 배제운동 등 강력한 대응책을 마련토록 촉구한다.

16

날짜 : 2001년 4월 21일
제목 : 일본 역사교과서 왜곡에 대한 재수정촉구 결의안
주체 : 경기도 고양시의회 의장

　대한민국은 일본과 2002년 월드컵을 공동 개최하는 이웃으로서의 선린관계를
돈독히 유지해나가며 아시아는 물론 세계평화에 기여하고자 우호증진에 노력하
여오고 있으나 일본은 우리나라와 중국 등 아시아 국가는 물론 자국(自國)의 양

심적인 학자와 지식인들이 왜곡 교과서 집필에 대해 올바른 역사의 정립을 위하여 강력한 반대를 벌여오고 있음에도 지난 4월 3일 "새로운 역사교과서를 만드는 모임"이 제출한 일본제국주의에 의한 군대위안부의 동원과 아시아 침략전쟁 등의 가해 사실을 싣지 않거나 삭제·축소한 내용의 역사교과서를 포함한 8종의 2002학년도용 중학교 역사교과서를 모두 검정에 합격시켰습니다.

이러한 조치는 야만적이고 치욕적인 과거를 감추고 최소한의 양심과 역사의식은 말할 것도 없고, 진실마저 외면하는 무분별하고 몰상식한 행동으로서, 이렇게 사실을 사실대로 말하지 않는 것은 자라나는 후손들에게 진실을 왜곡하여 반목과 불신의 관계를 심어주는 결과를 가져오게 될 것이 분명합니다.

일본에서 한 여론조사 실시 결과에 의하면 일본국민의 44.2퍼센트가 역사왜곡에 대하여 반대를 표명하고, 위안부 등 과거 일본이 저지른 가해 사실을 교과서에 정확히 기술해야 한다고 생각하는 것으로 나타나고 있습니다.

역사교과서 왜곡은 미래 세대에게 과거 역사를 잘못 전달하는 참으로 걱정스러운 일이 아닐 수 없고 침략전쟁에 의한 식민지 지배는 이웃 국민들에게 엄청난 고통을 준 엄연한 역사적 사실을 왜곡하는 잘못으로 분명히 시정되어야 하며, 오도된 역사관으로 이웃 국민과 마음의 벽을 쌓는다면 일본의 미래를 어둡게 하고, 국제사회에서 책임 있는 역할을 수행할 수 없게 될 것이니, 겸허한 자세로 이웃의 충고를 받아들여 교과서 재수정을 조속히 시행함으로써, 역사를 재구성하려는 헛된 노력을 버리고 세계사적 조명 속에서 과거를 인정하는 용기를 보여주기 바랍니다.

고양시의회는 80만 시민을 대표하여 일본의 역사왜곡 교과서 검정 승인은 대한민국과 대한민국 국민을 무시하고 과거의 잘못을 전혀 뉘우치지 않는 야만적이고 파렴치한 행동으로 규탄하며 우리 정부는 일본으로부터 공식 사과를 받아내고 올바른 역사교과서가 나올 때까지 강력 대응해야 할 것이며, 일본정부에게는 교과서 왜곡에 대한 사과와 재수정을 즉시 시행하여줄 것을 강력히 촉구합니다.

17

날짜 : 2001년 4월 21일
제목 : 일본 역사교과서 왜곡시정촉구 결의문
주체 : 경기도 안산시의회 의원 일동

2002년부터 사용될 일본의 중학교 역사교과서들이 과거사를 광범위하게 날조 왜곡하여 기술하고 있는 데 대하여 우리는 분노와 배신감을 금치 못하면서 일본은 역사교과서 왜곡을 즉각 중단하고 날조 왜곡된 부분을 즉시 시정할 것을 강력히 촉구 결의한다.

1. 일본이 위안부 보상문제 등 과거사에 대한 진정한 사과와 반성이 없는 상황에서 최근 일본의 검정을 통과한 역사교과서는 과거 태평양전쟁이 침략 전쟁이 아닌 아시아 해방전쟁이라는 어처구니없는 제국주의 논리를 펴며 침략전쟁에 대한 책임을 부인하는 등 역사를 광범위하게 왜곡날조시키고 있는바 이에 우리는 심각한 우려를 금할 수 없다.

1. 일본의 이러한 역사교과서 왜곡은 일본의 군국주의에 피해를 당한 여러 나라에 대한 도전이며 민주주의와 평화를 희구하는 세계인류에 대한 배신행위이므로 이를 즉각 중단하고 왜곡된 역사교과서는 반드시 시정할 것을 촉구한다.

1. 우리는 차제에 앞으로 끊임없이 이어질 일본의 오만에 슬기롭게 대처하여야 할 것이며, 정부는 일본의 역사교과서 왜곡 문제에 대해 결연한 의지로 단호히 대처하고, 민족의 자존심을 지키는 강력한 대응책 강구에 최선을 다할 것을 요구한다.

1. 안산시의회 의원 일동은 57만 안산시민과 함께 일본 역사교과서 왜곡의 시정을 강력히 촉구하며, 우리의 요구사항이 관철될 때까지 일본상품 불매운동을 전개하는 등 강력히 대처해나갈 것을 결의한다.

18

날짜 : 2001년 4월 21일
제목 : 결의문
주체 : 경기도 안성시의회

안성시의회는 일본이 다음 세대를 이끌어갈 청소년들에게 올바른 역사관을 심어줌으로써 평화와 민주주의를 희구하는 국제사회의 기대에 부응하고 아시아 여러 나라들과의 선린우호관계를 발전시켜나가야 한다는 인식 아래 일본 역사교과서의 과거 역사에 대한 축소, 왜곡과 관련하여 다음과 같이 규탄, 결의한다.

1. 일본정부는 2002년부터 사용될 중학교 역사교과서의 과거사 축소, 왜곡을 시정하도록 조치할 것을 촉구한다.
2. 정부는 일본의 역사교과서 왜곡이 시정될 때까지 일본 대중문화에 대한 추가 문화개방 일정을 전면 재검토할 것을 촉구한다.
3. 일본정부는 상호 우호와 미래지향적인 한일관계를 정립하고 동반자적인 협력관계를 위하여 그릇된 역사인식을 반성하고 정중한 사과와 역사교과서 왜곡방지 약속을 강력히 촉구한다.
4. 정부는 일본의 역사교과서 왜곡을 합리적으로 비판하고 올바른 역사관이 정립될 때까지 결연한 의지로 단호하게 대처할 것을 촉구한다.

19

날짜 : 2001년 4월 21일
제목 : 일본의 역사교과서 왜곡중단촉구 결의문
주체 : 경기도 포천군의회 의원 일동

한 나라의 역사교과서는 보편적으로 통용되는 역사 인식으로 객관적으로 서술해 국민들에게 올바른 역사관을 심어주어야 한다.

그러나 일본은 과거를 망각하고 거짓에 바탕한 왜곡된 역사교과서를 만드는 시대착오적인 발상을 하고 있는 데 우리는 우려와 개탄을 금할 수 없다.

이에 우리는 일본이 왜곡된 역사교과서로 그들의 미래를 이끌어갈 2세를 교육하는 우매한 일을 포기할 것을 강력히 촉구하면서 다음과 같이 결의한다.

1. 일본정부는 이번 역사교과서 검정에서 과거사 날조를 시정하도록 조치할 것을 촉구한다.

2. 정부는 일본의 역사교과서 왜곡이 시정될 때까지 대일 문화개방 및 한일교류사업 전면 연기, 유엔안보리 상임이사국 진출 저지 등 가능한 모든 방법을 동원해 엄중하게 대처할 것을 촉구한다.

3. 우리 포천군의회 의원들은 일본의 역사교과서 왜곡이 시정될 때까지 어떠한 명목으로라도 일본을 방문하지 않음은 물론 일본 자치단체와의 모든 교류를 억제한다.

4. 포천군민은 역사교과서 왜곡이 시정될 때까지 일본세품 구매를 자제할 것을 촉구한다.

20

날짜 : 2001년 4월 21일
제목 : 일본국의 역사교과서 왜곡중단촉구 결의문
주체 : 전라북도 익산시의회

우리 익산시의회는 일본국의 다음 세대를 담당할 청소년들에게 올바른 역사관을 심어줌으로써 평화와 민주주의를 희구하는 국제사회의 기대에 부응하고 아시아 제국과의 선린우호관계를 발전시켜나가야 한다는 인식 아래 일본국에서 진행되고 있는 일제 침략 역사의 미화는 물론 교과서 역사왜곡 기도와 과거사에 대한 축소·왜곡 움직임을 규탄하고 이의 중단을 엄중히 촉구하며 다음과 같이 결의한다.

1. 일본국 정부는 2002년부터 사용될 중학교 역사교과서 검정에서 과거사 축소·왜곡을 시정하도록 조치하고, 1982년 일본국 문부대신이 역사교과서 검정 기준으로 발표한 '국제이해와 국제협조의 견지에서 필요한 배려'라는 원칙에 충

실하게 역사교과서를 검정할 것을 촉구한다.

2. 일본국의 정계·교육계·언론계를 포함한 지식인 사회가 일본국의 굴절된 역사교육이 가져온 불행한 결과를 상기하여 일본국의 학생들에게 올바른 역사를 배우도록 협력할 것을 요청한다.

3. 세계화시대를 맞아 아시아 태평양지역 국가 간의 연대와 협력이 절실한 상황에서 과거에 대한 충분한 사죄와 반성은 도외시한 채 학교에서 왜곡된 역사를 가르치는 행위가 발생해서는 안 되며 이번 역사교과서 검증 문제가 1982년 교과서 파동으로 재현되지 않도록 노력해야 함은 물론 이로 인한 주변국과의 관계가 훼손되지 않도록 적극적인 조치를 취할 것을 강력하게 요구한다.

4. 일본국의 역사교과서 왜곡은 한·일 양국 간의 선린우호관계와 동반자적 협력관계를 크게 훼손할 뿐만 아니라 일본국의 국제적인 고립을 자초하게 될 것임을 엄중히 경고한다.

21

날짜 : 2001년 4월 23일
제목 : 일본국의 역사교과서 왜곡시정촉구 결의문
주체 : 대전광역시 유성구의회 의원 일동

대전광역시 유성구 16만 구민과 유성구의회 의원 일동은 일본의 중학교 역사교과서는 과거 역사를 축소·왜곡하려는 움직임에 대하여 우리 유성구의회는 전구민의 뜻을 모아 다음과 같이 일본의 역사왜곡 행위에 대해 강력히 규탄함과 동시에 잘못된 역사교과서의 검정철회를 촉구하며 다음과 같이 결의한다.

1. 일본정부는 2002년부터 사용될 중학교 역사교과서 검정에서 과거사 축소·왜곡을 시정하도록 조치하고 1982년 문무대신이 교과서 검정 기준으로 발표한 "국제이해와 국제협조의 견지에서 필요한 배려"라는 원칙에 충실하게 역사교과서를 검정할 것을 촉구한다.

1. 일본정부는 과거의 역사를 반성하기는커녕 오히려 왜곡된 역사를 학생들에게 주입하려는 것은 제국주의의 망령으로 지난 침략행위의 연장인 동시에 아시

아의 평화에 대한 중대한 도전임을 명심하여 다른 역사적 오류를 범하지 않도록 할 것임을 깊이 인식할 것을 촉구한다.

1. 일본정부는 본질적인 역사적 사실을 숨긴 채 과거사를 축소·왜곡하는 것은 다음 세대를 담당할 청소년들에게 혼란스러운 역사관을 심어줌으로써 인접국과 공존·공영할 수 있는 시대적 흐름에 역행하려는 것임을 깊이 인식할 것을 촉구한다.

1. 일본은 역사교과서 왜곡, 일부 일본 지도층 인사들의 계속적인 망언 등으로 인한 군국주의 부활을 우려하며, 또한 이러한 역사왜곡 움직임은 과거사를 일단락짓고 새로운 동반자 관계를 지향하려는 한·일 양국 간의 선린우호적 관계를 손상시킬 수 있다는 것을 엄중히 경고한다.

1. 일본구의 정계, 교육계, 언론계를 포함한 지식인 사회는 일본국의 굴절된 전전(戰前)의 역사교육이 가져온 불행한 결과를 상기하여 다음 세대가 올바른 역사를 배우도록 협력할 것을 강력히 촉구한다.

22

날짜 : 2001년 4월 23일
제목 : 일본정부의 역사교과서 왜곡중단촉구 결의안
주체 : 서울특별시 서초구의회 의원 일동

서울특별시 서초구의회는 일본정부가 과거 침략행위에 대한 은폐·축소·왜곡 중학교 역사교과서에 대한 시정을 강력하게 촉구하여 다음과 같이 결의한다.

1. 서울특별시 서초구의회는 일본정부가 2002년부터 사용할 중학교 역사교과서 검정 내용 중 과거사의 은폐·축소·왜곡된 항목을 즉시 시정하도록 강력 조치하고 재검정할 것을 적극 촉구하는 바이다.

2. 서울특별시 서초구의회는 일본의 굴절된 과거 침략행위 역사교육이 또다시 일본의 불행한 결과를 초래할 것이므로 이에 대하여 대오 각성하기 바라며, 진실된 역사관 확립으로 일본의 다음 세대가 올바른 역사교육을 통하여 미래의 바람직한 한·일관계에 선도적 역할을 수행할 수 있도록 조치하기 바라는 바이다.

3. 서울특별시 서초구의회는 일본정부의 역사교과서 왜곡은 한일 양국 간의 선린우호관계와 동반자적 협력관계를 크게 훼손할 뿐만 아니라 일본의 국제적인 고립을 자초하게 될 것임을 엄중히 경고하는 바이다.

4. 서울특별시 서초구의회는 우리 정부가 일본 문부과학성의 검정을 통과한 역사교과서 문제를 한·일 외교사안과 연계하지 않는 등 일본의 과거 제국주의 피해대상국 중 가장 소극적인 외교정책을 펼치는 것에 대하여 이는 국민 감정을 무시하는 것으로 향후 확고한 대응정책으로 강력하게 대처할 것을 엄중 촉구하는 바이다.

5. 서울특별시 서초구의회는 일본이 역사교과서 왜곡을 시작으로 일본사회의 우경화를 가속화시켜 과거 군국제국주의로의 환원을 시도하려는 의도의 의구심을 유발할 수 있음을 경계하기 바라며, 동아시아 평화공존을 위하여 일본의 역할에 대하여 진심으로 숙고하기 바란다.

이와 같이 서초구의회는 일본의 중학교 검정교과서의 왜곡 및 미화 행위에 대하여 40만 서초구민과 함께 강력하게 시정을 촉구하는 바이다.

23

날짜 : 2001년 4월 23일
제목 : 일본 역사교과서 왜곡관련 결의문
주체 : 인천광역시의회 의원 일동

개인이든 국가이든 이웃이나 주변국에 대해서 자신들이 저지른 잘못을 솔직히 인정하고 이를 사과한 뒤 지난날의 잘못된 행동이 거듭되지 않도록 노력할 때 다정한 이웃관계가 지속될 뿐 아니라 국가 간에도 선린·우호관계가 유지된다는 사실을 일본국과 이번 날조·왜곡된 역사교과서 제작과 검정과정에 관련된 일본 인사들은 명심할 것을 촉구하면서 인천광역시의회는 다음과 같이 결의한다.

첫째, 2002년도판 일본 중학교 역사교과서가 올바른 내용으로 수정될 때까지 일본국으로의 여행을 자제하고 역사교과서 왜곡과 관련된 일본 인사의 인천 방문을 거절할 것을 결의한다.

둘째, 일본 중학교 역사교과서가 제대로 수정될 때까지 일본 상품의 불매운동을 결의한다.

셋째, 한반도와 그 주변국 침략과정에서 일제가 저지른 학살·약탈·착취·살인실험과 종군위안부 범죄뿐 아니라 문화재 약탈과 파괴 등 반달리즘의 만행을 온 인류에게 널리 알리고 일본의 공식적인 사과와 배상이행 및 약탈된 문화재 환수 등을 위해 앞장설 것을 결의한다.

넷째, 지난날 대륙침략의 향수에 젖어 있는 일본 극우·국수주의자들의 최근 거듭된 망언과 준동을 경고하면서 이들이 지닌 일제사관의 문제점을 널리 알리고 일본의 재무장 획책을 저지하는 데 앞장설 것을 결의한다.

다섯째, 2002년도판 일본 중학교 역사교과서 검정을 위한 출판사의 신청분 제출 훨씬 이전에 일본 문부과학성은 종군위안부 기술을 축소해도 무방하다는 승낙을 하였음이 드러났다. 이에 이번 날조·왜곡된 역사교과서 문제의 1차적 책임이 일본정부에 있음을 지적하면서 일본정부가 앞장서서 거짓으로 가득찬 역사교과서가 바로잡힐 때까지 일본정부 등에 대해 국제시민운동 등의 다양한 노력을 기울일 것을 결의한다.

끝으로 대한민국 정부는 일본 중학교 교과서가 바로잡힐 때까지 강력하게 대응할 것을 촉구하고 이를 위해 적극 협력할 것을 결의한다.

24

날짜 : 2001년 4월 23일
제목 : 결의문 「일본정부의 역사왜곡 교과서 검·인정 통과가 웬말이냐」
주체 : 전라남도 교육위원회 교육위원 일동

일본정부의 역사왜곡에 대하여 온 국민의 분노가 들끓고 있는 가운데, 일본의 극우단체인 소위 '새 역사교과서를 만드는 모임'이 편찬한 2002년도 '일본 중학교 역사교과서'가 지난 3일 일본정부의 검정에 통과되었다는 사실에 우리 도 교육위원 일동은 경악을 금할 수 없다.

국제사회에서 다 알고 있는 과거의 역사에 대하여 진정한 사죄와 반성은커녕,

식민지 지배와 침략행위를 미화한 반역사적인 교과서의 검인정 통과를 우리는 좌시할 수만은 없다.

지구촌이 하나가 되어가는 21세기에, 왜곡된 역사를 바로잡고 우호와 상생의 이웃이 될 수 있도록, 우리 교육위원 일동은 역사를 우롱하는 일본정부의 책동을 강력히 규탄하면서 다음과 같이 결의한다.

1. 일본정부는 인류의 양심을 부인하는 역사교과서를 편찬한 소위 '새 역사교과서를 만드는 모임'을 즉각 해체하고 역사를 왜곡하여 후세들에게 오도된 역사관을 주입하려는 망동을 즉각 중지하라.

1. 일본정부는 국제사회에서 고립을 자초하지 않도록 왜곡 교과서 검인정 통과를 즉각 철회하고 재수정하라.

1. 우리는 교과서 검인정 통과 철회를 위하여 다각적인 대책을 강구할 것을 정부 당국에 강력히 촉구한다.

25

날짜 : 2001년 4월 23일
제목 : 일본 역사교과서 왜곡시정촉구 결의문
주체 : 충청북도의회 의원 일동

망령된 제국주의 사관과 군국주의를 지향하는 일본 우익세력들에 의한 일본 역사교과서의 왜곡·축소는 대한민국 역사의 정통성을 부정하고, 민주주의와 인류의 평화를 추구하는 아시아 제국민들의 선량한 양심을 분노케 하며, 대한민국이 국제사회에서 우호적으로 맺은 선린관계의 질서를 손상케 하고 있어, 충청북도의회 의원 일동은 일본정부의 잘못된 역사관과 교과서가 올바르게 시정되기를 촉구하며 다음 사항을 결의한다.

첫째, 일본정부는 올바른 역사인식 없이는 올바른 미래 진전이 없다는 것을 각인하여 잘못된 역사교과서의 검정을 즉각 철회하고 왜곡된 역사교과서의 검정으로 인해 피해받은 대한민국과 아시아 제국민들에게 사과할 것을 강력히 촉구한다.

둘째, 정부는 왜곡된 역사교과서가 반드시 수정되도록 강력히 대응함과 아울러 한·일 간의 현안사항을 재검토할 것을 촉구한다.

셋째, 국회는 왜곡된 역사교과서의 문제해결을 위해 초당적인 대책을 강구하여 추진하기를 촉구한다.

넷째, 충북도민 및 각 기관단체에서는 일본상품에 대한 구매를 자제하고, 교류중인 일본기관단체에 왜곡된 역사교과서가 올바르게 수정되도록 강력히 대응할 것을 촉구한다.

26

날짜 : 2001년 4월 24일
제목 : 일본의 역사교과서 왜곡에 대한 시정요구 결의문
주체 : 경기도 부천시의회 의원 일동

부천시의회는 일본이 젊은 세대에게 올바른 역사관을 심어줌으로써 평화와 민주주의를 열망하는 국제사회의 기대에 부응하고 한국을 비롯한 아시아 국가들과 동반자적 선린우호 관계를 발전시켜나가야 한다는 인식 아래 일본에서 진행되고 있는 과거사에 대한 축소, 왜곡 움직임과 관련하여 심각한 우려를 금할 수 없다.

특히, 최근 2002년도용 일본중학교 역사교과서 검정과정에서 일본정부의 검정을 통과한 일부 교과서가 여전히 자국 중심주의적 군국주의 사관에 입각하여 과거사의 잘못을 합리화하고 미화하는 내용을 포함하고 있는 데 대하여 80만 부천시민과 함께 유감의 뜻을 담아 다음과 같이 결의한다.

1. 우리는 일본정부가 1982년 역사교과서 검정기준으로 발표한 "국제이해와 국제협조의 견지에서 필요한 배려"라는 원칙 및 1995년 무라야마 총리의 "전후 50주년 특별담화"와 1998년 김대중대통령 방일시 채택된 "21세기 새로운 한·일 파트너십 공동선언"에서 천명하고 있는 역사인식을 바탕으로 최근 검정을 통과한 역사교과서의 과거사 축소, 왜곡이 시정되도록 일본정부에서 재검정을 통

한 조치와 향후 역사왜곡을 근본적으로 방지하기 위한 대책을 강구할 것을 강력히 촉구한다.

2. 대한민국 정부는 일본의 과거사 축소, 왜곡 움직임에 대하여 국민적 공분을 감안하여 역사왜곡이 시정될 때까지 지속적인 노력과 항구적인 대책을 마련할 것을 촉구한다.

3. 부천시와 우호관계를 맺고 있는 일본의 가와사키시의회가 본 결의안에 대한 지지와 과거사 축소, 왜곡의 시정을 위한 실질적인 활동에 동참할 것을 촉구한다.

27

날짜 : 2001년 4월 24일
제목 : 일본국 오오구치시에 전하는 "일본 역사교과서 왜곡"에 대한 우리의 입장
주체 : 경상남도 남해군의회 의원 일동

일본이 일으킨 과거의 제국주의적 침략전쟁을 '아시아 해방전쟁'으로 왜곡하여 기술한 중학교용 역사교과서 8종을 2001년 4월 10일에 검정 통과시킨 일본정부(문부성)의 행위는 부당하다. 이는 인류 앞에 저지른 일본의 전쟁범죄 사실을 부정하는 것으로서 역사의 왜곡은 역사와 인류 앞에서 정당화될 수 없으므로 우리 6만 남해군민을 대표하는 남해군의회는 일본의 역사교과서 왜곡 사실에 대하여 깊은 유감을 표시하며 국제 자매도시인 일본국 오오구치시에 대하여 서로 우호적 관계임을 전제로 다음과 같이 우리의 입장을 전달한다.

첫째, "신라, 백제의 일본조공"에 대하여 기술한 부분은 일본이 자의적 우월함을 과시하고, 과거 한국의 주권을 유린한 부당함을 정당화하려는 것으로서 역사왜곡을 고대사까지 확대하여 날조한 것은 시정되어야 함이 마땅하다.

둘째, "조선의 근대화 및 개발 등"에 대하여 기술하고 있는 부분은 갑오경장 때의 군제개편이 결코 조선의 근대화를 돕기 위한 것이 아니었으며, 조선 병합 후 철도와 관개시설 정비 및 토지조사는 조선을 개발하려 했던 것이 아니라, 일본제국의 조선에 대한 경제적 수탈정책의 거짓을 과장하기 위한 것이므로 올바

르게 기술되어야 한다.

셋째, "종군위안부에 대한 문제인식"의 삭제에 대하여, 태평양전쟁 당시 종군위안부 등 부녀자 폭행 사실을 삭제한 것은 아직도 정신대 할머니가 이 시대에 살고 있음에도 이를 간과한 것이며, 나아가 이 시대의 아픔을 철저히 숨기려는 것으로서, 일본은 역사적 사실과 양심 앞에 떳떳해야 한다.

넷째, "일제의 조선침략"을 "진출"로, 강화도조약의 무력성을 미화적으로 표현하고, 을사조약 체결이 당시 서구열강의 지지를 받은 것으로, 또한 3·1운동과 관동대지진 때의 조선인 학살과 희생자 수를 삭제하는 등, 그때의 사실을 부정하고 은폐·축소한 것은 바람직하지 못한 것이므로 사실 그대로를 기록하여 진실한 역사를 후세에 전하는 현명한 조처를 취하여야 한다.

이와같이 우리는 일본 역사교과서의 왜곡된 부분이 시정되기를 강력히 희망한다. 어떤 나라든지 잘못된 역사기록과 삐뚤어진 역사교육관을 지지하지는 않을 것이며, 일본과 같은 전범국가인 독일은 이미 과거 사실을 인정하고, 관련 피해국에 대하여 사죄의 입장을 유지하고 있다. 하지만 이와는 대조적인 일본의 역사교과서 왜곡 사실은 결코 정당화될 수 없을 것이므로 우리군과 자매도시인 일본국 오오구치시는 자국의 잘못된 역사기술과 사실이 다른 역사교육관을 배제하고, 올바른 역사를 기록하고 잘못된 역사관을 바로세우기 위하여 우리의 입장을 적극 지지해줄 것을 요청하는 바이다.

28

날짜 : 2001년 4월 24일
제목 : 일본 역사교과서 왜곡시정촉구 결의문
주체 : 전라남도의회 의원 일동

최근 일본정부는 일본의 한 우익단체에서 제작한 역사교과서를 검정 통과시켰다.

이번 검정 통과된 역사교과서는 과거사를 은폐·축소 또는 왜곡하여 기술하고 있는 데 대하여 우리는 개탄과 우려를 금할 수 없다.

특히, 일본의 역사왜곡이 그 자체에서 끝나는 것이 아니라 일본의 미래를 이끌어갈 2세 교육용 교과서라는 점에서 문제의 심각성이 더욱 크다 하겠다.

왜곡된 역사교과서를 통해 일본의 젊은 세대들이 그릇된 역사교육을 받게 된다면 자라나는 청소년들의 가치관 또한 왜곡되어 과거의 좋지 않은 감정의 확대뿐만 아니라 앞으로도 진정한 한·일 관계는 요원한 것으로 심히 유감스러운 일이라 아니할 수 없다.

모름지기 올바른 역사교육이란 자기나라 역사뿐만 아니라 세계역사를 객관성 있게 조망하여 균형 있는 역사적 사고력을 길러주고 평화와 공존을 위한 올바른 역사관을 가지고 하는 것이다.

일본의 역사왜곡은 일본의 침략전쟁으로 인하여 식민지, 정신대 등 일제 군국주의에 의해 피해를 본 우리나라를 비롯한 아시아 모든 국민에 대한 엄연한 모독이고, 또한 민주주의와 평화를 희구하는 세계 인류에 대한 배신 행위이며, 폭거라고 규정하지 아니할 수 없다.

그 동안 대한민국과 일본은 가장 가까운 이웃나라로 협력과 신뢰를 바탕으로 외교관계를 유지해오고 있다.

또한 양국가는 2002년 월드컵 공동 개최국이자 한·일 문화개방으로 선린우호관계가 이뤄지고 있는 이 시점에서 역사를 되돌리는 일본의 역사왜곡은 양국의 협력 관계발전과 아시아 지역의 평화·화해 분위기 조성에 찬물을 끼얹는 행위라 아니할 수 없다.

이에 우리 전라남도의회 의원 일동은 이러한 몰지각한 일본의 행태에 대하여 경종을 울리면서 어떠한 일이 있더라도 일본정부가 과거사 잘못을 솔직히 인정하고 왜곡된 역사를 하루빨리 바르게 시정 조치할 수 있도록 끝까지 노력할 것을 굳게 다짐하면서 220만 도민과 더불어 다음과 같이 이행할 것을 강력히 촉구한다.

1. 일본정부는 제국주의 침략사실을 왜곡하는 역사교과서 검정통과를 즉각 철회하라!

1. 일본정부는 침략사실을 겸허하게 받아들이고 올바른 역사교육을 실시하라!

1. 일본정부는 그들 스스로 왜곡된 교과서를 바로잡는 길만이 양국 간의 선린우호관계 회복이라는 것을 깊이 명심하라!

29

날짜 : 2001년 4월 25일
제목 : 일본 역사교과서 왜곡 규탄 결의문
주체 : 서울특별시 광진구의회 의원 일동

2002년부터 사용하게 될 일본중학교 역사교과서 검정 통과된 내용은 과거 침략전쟁과 식민지 지배에 관련된 기술들을 합리화하고 미화하여 일본 청소년들에게 왜곡된 역사교육을 가르치려 하고 있다.

이에 황국사관으로 회귀하는 시대착오적인 역사관일 뿐 아니라 21세기를 주도할 아시아 모든 미래 세대와 일본 미래세대 간에 갈등과 반목을 새로이 잉태시키는 위험한 교과서의 등장을 우려하지 않을 수 없다.

일본정부는 종군위안부나 조선인의 징병제, 강제노역, 창씨개명, 항일저항운동에 대해 은폐하고 있으며, 일제에 의해 강제적으로 체결된 한일합방을 조선 근대화에 공헌했다고 억지 주장을 하는가 하면, 태평양전쟁 자체는 인정하면서도 조선인이나 대만인이 전쟁을 긍정하고 열렬히 지지했다고 하여 일본침략전쟁에 면죄부를 주어 역사를 왜곡 날조한 사실에 대해 전세계인을 대신하여 엄중 경고한다.

이러한 일본 우익단체의 근시안적이고도 오만방자한 자세가 과연 일본의 미래세대에게 어떤 결과를 초래할 것인지 문부과학성은 냉철한 이성적 판단을 기대하며 지난 1998년 10월 '21세기 새로운 한·일 파트너십 공동선언' 이후 진전되어온 양국 간 우호협력 관계가 이를 계기로 급속히 냉각되고 있음을 직시하라.

일본정부는 자라나는 청소년들에게 올바른 역사관을 심어줌으로써 평화와 민주주의를 희구하는 국제사회의 기대에 부응하고 미래지향적인 한·일 관계를 위하여 40만 광진구민을 비롯한 우리 구의회 전의원은 일본의 왜곡된 역사교과서 검정을 강력히 규탄하면서 다음과 같이 촉구한다.

1. 일본정부는 2002년부터 사용되게 될 중학교 역사교과서 검정본에서 과거사에 대한 축소·은폐·왜곡을 즉각 시정조치하고 1982년 역사교과서 검정기준으로 발표한 "국제이해와 국제협조의 견지에서 필요한 배려"라는 원칙에 충실하게 역사교과서를 검정할 것을 강력히 촉구한다.

2. 일본정부는 "역사는 잊을 수는 있어도 바꿀 수는 없다"는 역사관에 입각하

여 국수주의 성향의 왜곡된 역사교과서 검정 승인을 재검토할 것을 강력히 촉구한다.

3. 일본국의 굴절된 전전(戰前)의 역사교육이 가져온 불행한 결과를 상기하여 일본정부의 다음 세대가 올바른 역사를 배우도록 촉구한다.

4. 일본정부는 역사를 왜곡하여 일본제국주의 식민지 지배로부터 뼈아픈 상처를 받았던 한국인에게 또다시 깊은 상처를 주어 '영원히 가까워질 수 없는 이웃'으로 만드는 우를 범하지 말 것을 촉구한다.

5. 정부에서는 일본 역사교과서 왜곡문제가 시정될 때까지 일본의 유엔안보리 상임이사국 진출 반대, 일본대중문화 추가 개방 전면연기, 국제적 공동 대응 등을 통한 국제적 비판 여론 고취 방안 등을 효율적으로 활용하여 왜곡된 부분이 전면 시정되도록 외교적 역량을 최대한 발휘할 것을 강력히 촉구한다.

30

날짜 : 2001년 4월 25일
제목 : 일본 역사교과서 왜곡과 관련한 결의문
주체 : 충청북도 제천시의회 의원 일동

우리 제천시의회 의원 일동은 지난 4월 3일 일본정부가 발표한 2002년도용 중학생 역사교과서 검정결과에 대하여 심각한 우려와 함께 충격과 분노를 금할 수 없다.

이에 우리는 작금의 일본의 우익적이고 군국주의적인 교과서 검정은 그 동안 두 나라의 선린우호관계를 저버리는 행위라 판단하여, 그로 인한 모든 사태의 책임은 일본정부에 있음을 명백히 하며 15만 제천시민을 대표하여 강력한 항의를 표명하며 다음과 같이 결의한다.

첫째, 일본정부의 역사교과서 왜곡은 일본의 장래에 매우 불행한 일이다. 일본이 과거사를 은폐하고 침략과 식민지 지배를 미화하는 왜곡된 역사를 교육하는 것은 결과적으로 일본 국민이 아시아는 물론 세계 여러 국민과 평화적으로 인간적으로 이해하고 협력하는 가운데 생활할 수 있는 기능을 스스로 잃게 됨을 깊

이 인식하여 왜곡된 역사교과서의 재검정은 물론 주변 피해당사국에 깊이 사과
하여야 한다.

둘째, 현재 상황에서 볼 때 일본의 역사교과서 왜곡 문제를 해결할 힘은 교과
서 검정권을 갖고 있는 일본정부밖에 없다. 이에 우리 정부는 일본의 역사 날조
문제의 중요성과 심각성을 인식하여 민간단체 및 주변국가들과 외교적인 압력
및 여론을 총동원하여 반드시 수정될 수 있도록 강력 대응할 것을 촉구한다.

셋째, 일본은 역사교과서 왜곡과 관련 다른 나라의 항의를 내정간섭이라고 주
장한다. 그러나 일본의 침략전쟁과 식민지 지배로 인한 피해 당사국이 참혹했던
상처를 안고 오늘을 살아가고 있는 현실에서 일제침략을 미화, 자찬하는 교과서
가 만들어지는 것은 결코 용납할 수 없으므로 수정될 때까지 제천시민 및 각 기
관단체에서는 일본상품 불매 등 전국민의 결집된 뜻에 적극 동참한다.

넷째, 우리 제천시의회는 이번 역사교과서 왜곡문제가 일본이 '가깝고도 먼
나라'임을 되살리는 불행한 사태로 확산되어 세계 역사상에 오점을 남기지 않기
를 바란다.

오랫동안 우호관계를 맺었던 양국관계에 부정적인 영향을 끼친다는 사실을
깨달아 일본정부의 역사교과서 왜곡에 대한 그간의 행위를 사과함은 물론 세계
각국의 청소년들에게 역사를 바로잡아줌으로써 인류공영에 이바지할 수 있도록
즉각 진실된 교과서 수정을 촉구한다.

31

날짜 : 2001년 4월 26일
제목 : 일본 역사교과서 왜곡규탄 및 시정촉구 성명서
주체 : 강원도의회 의원 일동

최근, 온 국민적 분노와 저항에 직면하고 있는 일본 역사교과서 왜곡사태는,
당초 2000년 4월 일본의 8개 교과서 발행 출판사가 2002년도 중학교 역사교과
서 검정을 신청하여, 2001년 3월 30일 문부과학성이 이들 8개 교과서를 모두 검
정 통과시키고, 지난 4월 3일 일본정부에서 검정결과를 공식발표하면서 촉발되

었다.

이번에 일본정부가 밝힌 역사교과서의 검정기준은, 교과서 내용상에 잘못이 있거나 부정확한 기술이 없고 특정사안 등에 편향된 기술이 없으며, 국제적 이해와 국제협조의 견지에서 필요한 배려를 하는 동시에, 역사수업 시간을 주당 4시간에서 3시간으로 축소함에 따라 근린제국에 대한 검정기준을 더욱 엄격하게 적용하는 한편 한국측의 입장도 충분히 고려하였다는 허울좋은 기준을 제시하였다.

그러나, 실상에 있어서는 고대사에서부터 근현대사에 이르기까지 일본의 우월성을 부각시키는 데 급급한 나머지 종군위안부 문제를 제외시키는 등 일제의 가해행위 사실을 최소화하고, 조선의 군제개혁이 조선의 근대화와 독립을 위한 것으로 기술하는 등, 일본 제국주의의 대외팽창정책과 침략전쟁을 긍정적으로 미화하여 서술하고, 일본에게 불리하거나 부정적인 사실은 기술하지 않음은 물론 한국을 비롯한 타국의 역사는 폄하 왜곡함으로써, 우리들에게 참을 수 없는 분노와 경악을 금치 못하게 하고 있다.

이에 200만 도민을 대표하여 우리 강원도의회는 역사적 시련기마다 우리의 선열들이 한결같은 애국 애족적 희생정신으로 지켜온 조국의 굳건한 정통성을 명예롭게 수호할 것을 다짐하면서, 금번 일본의 역사교과서 왜곡사태야말로 21세기의 세계인류가 추구하는 보편적 가치인 평화와 정의를 부정하는 반인륜적 폭거로 규정하고, 이를 조속히 시정할 수 있도록 다음과 같이 특단의 대책을 강구할 것을 강력히 요청한다.

첫째, 일본정부는 금번 역사교과서 검정발표가 진실해야 할 역사정신을 외면하고 왜곡 날조된 역사를 공인한 사실을 인정하는 동시에, 이를 하루속히 완벽하게 시정하여 양심있는 세계시민으로 돌아올 것을 촉구한다.

둘째, 우리 정부는 일본 역사교과서 왜곡사태가 사전에 외교적으로 해결되지 못한 원인을 엄정 규명함과 아울러 역사의 진실을 바탕으로 한 국가적 자존심이 온전하게 치유될 수 있도록 밀도있는 대책을 강구할 것을 촉구한다.

셋째, 강원도의회는 200만 도민과 함께 나라와 지역사회의 역사주체로서 대일본관계를 정립함에 있어, 보다 신중한 접근과 국산품 애용 등을 통해 무역 역조를 개선하고 국가적 역량을 강화하는 데 앞장선다.

32

날짜 : 2001년 4월 27일
제목 : 일본 역사교과서 왜곡시정촉구 결의문
주체 : 충청북도 청주시의회 의원 일동

제국주의의 망령이 꿈틀거리는 일부 우익세력에 의한 일본 역사교과서의 왜곡·축소는 국가 간 상호 이해와 평화가 지향되는 시점에서 오늘의 일본 청소년들이 국제사회에서의 고립을 자초하게 될 수 있으며, 민주주의와 평화를 갈망하는 세계인류에 대한 도전행위이다. 이에 우리 시의회 의원 일동은 일본정부의 그릇된 역사관에 대해 놀라움과 분노를 금할 수 없어 58만 청주시민을 대표하여 왜곡된 역사교과서의 시정을 촉구하며 다음 사항을 결의한다

첫째, 일본정부는 역사교과서의 왜곡된 내용을 즉각 철회하고, 과거를 잊고 동반자 관계를 유지하길 바랐던 한민족에게 묵은 상처를 헤집어내 반일감정을 폭발시킨 처사에 대하여 사과할 것을 강력히 촉구한다.

둘째, 왜곡된 역사교과서로 인해 한·일 간 감정의 골이 더욱더 깊어졌고 양국관계의 불안한 미래에 대한 책임이 전적으로 일본에 있음을 다시 한번 강조하며 일본정부가 가장 두려워하는 "각국의 시민연대활동"을 정부 차원에서 적극 추진하여줄 것을 촉구한다.

셋째, 청주시의회는 일본정부의 왜곡된 역사교과서가 수정될 때까지 청주시민 및 각 기관·단체와 더불어 일본상품에 대한 불매 운동을 강력히 추진할 것이며, 일본정부에 대해 잘못된 역사교과서가 올바르게 수정될 수 있도록 강력히 대응할 것을 결의한다.

33

날짜 : 2001년 4월 28일
제목 : 일본의 역사교과서 왜곡을 규탄하는 결의문
주체 : 대구광역시 남구의회 의원 일동

우리는 일본의 역사교과서 왜곡이야말로 일본제국주의 침략의 피해자인 20억 아시아·태평양 민중에게 뼈에 사무치는 원한을 맺히게 하는 일임을 일본당국에 엄중히 경고하고 역사교과서 왜곡에 대한 사과와 잘못된 부분에 대한 시정을 강경하게 요구하면서, 한·일 양국의 앞날을 걱정하는 20만 우리 남구 구민의 뜻을 모아 다음과 같이 결의한다.

하나, 우리는 일본의 역사교과서 왜곡을 한반도와 아시아 각국에 대한 제2의 침략행위로 간주하고 20만 구민의 이름으로 즉각 시정할 것을 촉구한다.

하나, 3·1운동, 관동대지진 때의 조선인 학살, 일본군위안부와 강제징용 사건에 대한 잔학성을 깊이 반성하고 왜곡된 내용을 즉각 시정할 것을 촉구한다.

하나, 한반도가 자국방위를 저해하는 흉기와 같다는 적대적인 표현을 즉각 취소하라.

하나, 일본정부는 자국의 자라나는 세대들을 기만하는 역사교육을 수치로 생각하고 날조된 역사교과서를 즉시 폐기하라.

하나, 위와 같은 우리의 요구가 받아들여지지 않을 경우 우리는 일본상품 불매운동과 문화교류 반대운동을 전개해나갈 것임을 엄숙하게 결의한다.

34

날짜 : 2001년 5월 4일
제목 : 일본 역사교과서 왜곡에 대한 성명서
주체 : 경상북도 포항시의회 의원 일동

최근 일본정부가 극우단체인 '새 역사교과서를 만드는 모임'의 주장을 받아들여 왜곡된 역사교과서를 일본 문부성 검정에서 통과시킨 데 대하여 우리 시의회와 52만 포항시민은 극도의 분노를 금치 못하고 있으며 이를 강력히 규탄하면서 문제의 역사교과서의 검정통과를 즉각 취소하고 재수정할 것을 강력히 요구한다.

일본 문부성에서 검정 통과된 왜곡된 일본 역사교과서는 반인륜적 범죄행위인 군대위안부의 문제를 비롯한 그들에게 불리하거나 부정적인 사실은 일체 기술하지 않고 오히려 대외팽창과 침략전쟁을 긍정적으로 서술하였음은 물론 한국을 비롯한 다른 나라의 역사는 폄하함으로써 기본적으로 보수·우익적 황국사관과 일본의 우월성 부각을 시도하는 것으로 일본의 군국주의 부활의 음모를 담고 있음이 명백하며, 일본 내에서도 양식있는 시민단체에서 역사교과서 검정통과에 일본 문부성이 편파적으로 개입하였음을 폭로함에 따라 역사교과서 왜곡 배후에 일본정부가 있었다는 것이 판명되었다.

일본의 역사교과서 왜곡에 대하여 한국과 숭국의 항의를 내정간섭 운운하며 과거 역사를 왜곡시키고 정당화하려는 위험한 발상을 가진 역사교과서 검정통과는 지난 1998년 한·일 두 나라 정상이 합의한 파트너십 공동선언의 기본정신을 일본정부가 일방적으로 깨어버리는 행위로서 스스로 신의를 저버리는 작태라 아니할 수 없으며, 또한 아시아의 평화, 더 나아가 세계평화에 역행하는 제2의 침략행위임을 일본정부와 일본인은 각성해야 할 것이다.

과거 일본제국주의 침략행위로 주변국에 끼친 고통과 피해를 거꾸로 미화하거나 호도하고, 없는 역사를 만들어 일본의 어린 학생들에게 가르쳐서 무엇을 얻겠다는 것인지 우리는 일본인과 일본정부에 묻지 않을 수 없다. 과거사에 대한 반성과 올바른 역사관을 배우지 못한 일본의 다음 세대는 국제사회에서 반드시 낙오할 것이며 진실을 외면하는 비겁함 속에서는 일본의 미래는 없다는 것을 분명히 밝혀두는 바이다.

이에 우리 시의회는 52만 포항 시민과 함께 일본의 왜곡된 역사교과서가 채택되지 않도록 모든 수단과 방법을 동원하여 역사왜곡을 바로잡는 그날까지 강력히 대응해나아갈 것을 천명한다.

35

날짜 : 2001년 5월 7일
제목 : 일본 역사교과서 왜곡시정촉구 결의문
주체 : 충청북도 보은군의회 의원 일동

망령된 제국주의사관과 군국주의를 지향하는 일본 우익세력들에 의한 일본 역사교과서의 왜곡은 대한민국 5천년사의 정통성을 정면으로 부정하고, 민주주의와 인류 평화를 추구하는 아시아 제국민들의 선량한 양심을 분노케 하며, 대한민국이 국제사회에서 우호적으로 맺은 선린관계의 기본질서를 손상케 하므로 보은군의회 의원 일동은 일본정부의 그릇된 역사관과 잘못된 역사교과서가 올바르게 시정되기를 강력히 촉구하며 다음과 같이 결의한다.

첫째, 일본정부는 올바른 역사인식과 가치관이 없이 터무니없게 사실을 왜곡하는 것은 과거 부끄러운 역사에 대해 스스로 인정하는 것임을 인식하여 잘못된 역사교과서의 검정을 즉각 철회하고 왜곡된 역사검정으로 인해 피해받은 대한민국과 아시아 제국민들에게 사과할 것을 강력히 촉구한다.

둘째, 정부와 국회는 왜곡된 역사교과서가 반드시 수정되도록 강력히 대응함과 아울러 한·일 간의 현안사항을 재검토함은 물론 국회 차원에서 문제해결을 위한 초당적인 대책을 강구하여 추진하기를 촉구한다.

셋째, 보은군민 및 각 기관단체에서는 일본상품에 대한 구매를 자제하고, 교류 중인 일본 기관단체에 왜곡된 역사교과서가 올바르게 수정되도록 강력히 대응할 것을 촉구한다.

36

날짜 : 2001년 5월 9일
제목 : 일본정부의 역사교과서 왜곡시정촉구 결의문
주체 : 충청북도 교육위원회 교육위원 일동

최근 일본정부가 역사교과서를 왜곡하여 과거의 침략을 정당화하고 우리 민족의 쓰라린 상처를 다시 한번 짓밟아 제국주의의 길로 나아가려 함에 있어, 우리 교육위원은 지난 3월 5일 전국교육위원 일동 명의로 결의문을 작성하여 일본 대사관에 전달하고 강력히 항의한 바 있다.

그럼에도 불국하고 일본정부는 왜곡된 역사교과서에 검인정을 부여함으로써 잘못된 역사를 숨기려 하고 있고 이를 바로 시정하지 않는바, 우리 충청북도 교육위원 일동은 150만 도민과 더불어 분개함을 금치 못하고 있다.

이에 대하여 일본정부는 즉시 이를 시정하고 마땅히 우리 국민과 아시아 피해 당사국에 사죄하여야 하며, 다시는 이러한 일이 재발되지 않도록 확실한 보장을 하여야 할 것이다.

또한 우리도 이의 시정을 위한 적극적인 조치를 취하여야 하며 우리의 역사관을 바로하는 계기로 삼아야 한다.

아울러 우리 학생들에게 일본의 만행을 확실히 주지시키고 우리와 주변국의 역사를 바로 알도록 이번 사태의 부당성을 철저히 교육하여야 할 것이다.

이제 150만 도민과 학부모 및 학생 등 우리 모두는 일본정부의 역사교과서 왜곡이 과거 일본의 침략적 만행을 또다시 표출시킨 것으로써, 우리 민족을 멸시하고 자기 우월을 과시하려 한 의도임을 분명히 직시하고 일본에 대한 인식을 확실하게 재정립하여야 할 것이다.

이에 우리 충청북도 교육위원 일동은 도민과 함께 이번 사태가 해결될 때까지 우리의 의지를 끝까지 관철시켜나갈 것임을 천명하며 다음과 같이 결의한다.

1. 일본정부는 왜곡된 역사교과서를 즉시 시정하라.
1. 일본정부는 이번 사태를 깊이 반성하고 우리 민족 앞에 정중히 사과하라.
1. 일본정부는 다시는 이와 같은 사례가 발생되지 않도록 우리 민족 앞에 굳게 약속하라.
1. 일본정부는 이번 일을 계기로 우리 민족과 주변국가를 무시하는 태도를 확실히 시정하라.
1. 일본정부는 과거의 잘못을 항상 인식하여 참회하고, 아시아의 공동 번영을 위해 노력하라.

37

날짜 : 2001년 5월 10일
제목 : 일본 역사교과서 왜곡시정촉구 결의문
주체 : 충청남도 예산군의회 의원 일동

매헌 윤봉길 의사의 호국정신이 살아 숨쉬는 충절과 효의 고장으로서 11만 군민을 대표하는 우리 예산군의회는 2002년부터 사용될 일본국 중학교 역사교과서가 과거사에 대한 철저한 자기 성찰과 비판 위에서 진실한 반성은커녕 오히려 이를 왜곡하여 대한민국과 일본국의 합병을 정당화하고 제국주의 침략 만행을 미화하려는 저의가 일본의 재무장화와 군국주의의 부활이라는 거대한 음모가 근저에 도사리고 있다는 데 대하여 개탄과 분노를 금할 수 없으며 민주주의와 평화를 희구하는 세계인류에 도전과 배신을 하고 있는 일본국 정부에 대하여 과거사에 대한 진심어린 반성과 사죄를 요구하며 자라나는 세대에게 조작된 허구의 역사를 가르치는 한, 최대의 피해자는 결국 일본 어린이들이며 일본은 아시아와 세계로부터 고립될 수밖에 없음을 엄중 경고함과 동시에 스스로 시정할 것을 강력히 촉구하며 다음과 같이 결의한다.

1. 일본정부는 과거 침략사실을 왜곡한 중학교 검정교과서 과거사 날조를 즉시 시정하고 우리 정부는 물론 평화를 사랑하는 모든 세계인들에게 공식 사과할 것을 촉구한다.

2. 일본국의 정계·교육계·언론계를 포함한 지식인 모두는 과거 굴절된 역사교육이 가져온 불행을 상기하여 다음 세대의 주역인 청소년들에게 올바른 역사교육을 할 것을 촉구한다.

3. 우리 정부도 일본국의 역사교과서 왜곡이 시정될 때까지 일본국 대중문화에 대한 추가 문호 개방을 전면 재검토하고, 각종 공식 문서에서 사용되는 일본국 '천황' 호칭을 재고할 것을 촉구한다.

4. 중국을 비롯한 아시아 여러 나라와 유엔을 비롯한 국제사회는 일본국의 시대착오적인 역사왜곡 움직임을 주시하고 시정을 촉구하는 데 동참할 것을 우리는 기대한다.

5. 이러한 노력에도 일본국이 과거 침략행위에 대해 어떠한 반성도 하지 않는다면 국산품 애용운동을 통한 무역역조개선 등 일본정부에 대한 가능한 모든 형

태의 강력한 외교적 제재를 가하는 데 11만 군민과 함께 동참한다.

38

날짜 : 2001년 5월 19일
제목 : 결의문 「일본국의 역사교과서 왜곡시정촉구」
주체 : 충청남도 아산시의회

오늘은 일본국이 세계적 동향과 강력한 비판을 무시하고 과거 침략의 사실 등을 왜곡히여 "새로운 역사교과서를 만드는 모임"으로부터 왜곡된 역사교과서를 받아들여 검정 승인한 처사는 세계 평화에 역행하였을 뿐만 아니라 지탄받아야 마땅한 행위로 이에 우리 아산시의회는 심한 분노와 개탄을 아니할 수 없습니다.

일부 왜곡된 역사교과서에는 그 동안 일본정부가 공식적으로 표명해온 국제공약에 명백히 위반하는 내용을 표명하고 있어 이 같은 왜곡된 역사교과서를 통해 젊은 세대들이 그릇된 역사관과 가치관으로 인하여 국제적으로 고립의 길을 걷는 과오를 되풀이하게 될 것이고 또한 한·일 양국의 우호관계에 있어서도 심각한 영향을 미치게 될 것으로 심히 우려하지 않을 수 없습니다.

사실과 다르게 왜곡된 역사교과서는 태평양전쟁을 아시아해방을 위하여 도움이 된 전쟁으로 미화하는가 하면 침략행위에 대한 강제성을 은폐하여 국제적으로 인정받은 것으로 기술하고, 잔혹한 종군위안부의 사실을 고의로 누락시켜 그 실체를 은폐하는 등 제국주의 논리를 앞세워 일방적으로 기술하고 있으며 구 일본 제국의 헌법이나 교육 칙어를 예찬하는 등 지나치게 미화하고 국가에 대한 긍지와 봉사, 국방의 의무를 강조하고 있는 것은 일본국 스스로 헌법을 부인하고 국제규약을 위반하는 것으로 일본정부는 그 책임을 면할 수 없습니다.

최근 1995년 무라야마 수상 담화에서 아시아제국에 주었던 "다대한 손해와 고통"에 대하여 사과와 반성을 표명했습니다.

그리고 1998년 한·일 수뇌공동선언에서도 오부치 수상은 "양국민 특히 젊은 세대가 역사에 대한 인식에 깊이 참여함이 중요한 일"이라고 표명한 것은 사실과 다름이 없는 역사를 만들어내자는 일본정부의 명확한 국제공약이라 할 것입니다. 그러나 왜곡된 역사교과서는 과거 역사적 맥락을 무시한 채 침략전쟁을 부인하기보다는 오히려 강조하여 정당화하고 있으며 전쟁에 대한 반성과 책임을 인정하기보다는 평화와 화해를 이룩하고자 하는 세계의 염원에 역행하고 있는 행위입니다.

또한 작금에 일본에서 행해지고 있는 신 가이드라인, 히노마루, 기미가요 등 군국주의 재무장 속에서 이 같은 왜곡된 역사교과서를 하나의 교과서일 뿐이라고 회피해온 일본정부는 역사를 왜곡 조작했음을 은폐한 처사로 마땅히 그 책임을 져야 하며 지난 5월 8일 한국정부가 전달한 35개 항목의 일본교과서 왜곡 수정 요구안을 당연히 받아들여 일본정부는 즉시 아시아 제국이 정확한 역사인식을 공감할 수 있도록 교과서의 기술 내용을 성의 있고 충실하게 개선시켜야 할 것입니다.

우리 아산시의회는 한국정부와 시민단체, 일본역사교과서 개악저지운동본부와 뜻을 같이하여 전쟁책임을 정당화하는 반역사적인 일본 역사교과서 검정 승인을 결코 좌시할 수 없으며 일본정부는 즉시 반역사적이고 반인권적인 역사교과서를 재검정 개선할 것을 아산시민과 함께 결의 촉구합니다.

39

날짜 : 2001년 5월 21일
제목 : 일본 역사교과서 왜곡시정촉구 결의문
주체 : 서울특별시 은평구의회 의원 일동

최근 일본은 경제대국에 따른 정치대국과 군사대국으로의 길을 모색하기 위하여 자국의 침략행위를 정당화하였고, 침략전쟁을 은폐 미화하여 과거 전쟁을 아시아 해방전쟁이라고 기술한 중학교 역사교과서를 검정에 통과시킨 문부과학성의 행위는 과거 잘못된 역사를 반성하기보다는 역사를 합리화하였으며, 이에 왜곡된 역사를 교육받게 될 일본 젊은이들의 미래가 실로 우려되지 않을 수 없다.

일본정부는 나치만행과 인도학살, 아편전쟁을 기술한 독일과 영국 역사교과서에서 보듯이 과거 역사는 사실을 바탕으로 기술되어지는 것을 깊이 인식하여야 할 것이고, 더욱이 자국의 대학교수 등 지성인들까지도 왜곡된 자국의 역사교과서를 강력히 비판하고 있는 시점에서 역사인식의 후퇴를 막기 위해서도 일본의 왜곡된 역사교과서는 반드시 재수정되어야만 할 것이다.

일본이 강제적으로 체결한 한일합방을 조선근대화에 공헌했다고 침략전쟁을 정당화하고 태평양전쟁을 미화하여 아시아 국가의 독립을 위한 것이라고 한 것과 관동대지진 때 조선인 피해와 종군위안부에 대한 언급 등을 하지 않은 것은 일본 우익단체의 근시안적인 역사관으로, 일본의 미래세대와 아시아 각국과의 선린우호관계에 바람직하지 않은 것은 자명한 일로 문부과학성은 왜곡된 역사교과서의 채택·출간에 대하여 이성적인 판단 아래 즉각 중단할 것을 강력히 촉구하면서 은평구의회 의원 일동은 48만 은평구민과 전의원의 마음을 모아 다음과 같이 결의한다.

· 일본정부는 "역사는 교과서를 바꾼다고 역사가 바뀔 수 없다"는 보편적 가치관의 진정한 양식에 따라 왜곡된 역사교과서 검정승인을 재검토할 것을 강력히 촉구한다.

· 역사왜곡은 일본 군국주의의 피해를 본 아시아 제국민에 대한 도전이며 세계평화를 희구하는 세계인류에 대한 배신행위임을 깊이 인식하고 역사교과서 왜곡행위를 즉각 중단할 것을 촉구한다.

· 일본은 유엔안보리 상임이사국 진출을 통한 세계강국을 꿈꾸기 전에 제국주의 침략과 전쟁범죄, 인명살상 등의 국가범죄 행위를 반성할 줄 모르고 역사교과서를 왜곡하기에 급급한 철부지 행위를 즉각 중단하여야 한다.

· 일본정부는 역사교과서를 명확한 사실에 입각하여 기술하고 자라나는 청소년 세대가 선대의 오류를 범하지 않도록 왜곡된 역사교과서를 재수정할 것을 강력히 촉구한다.

40

날짜 : 2001년 7월 6일
제목 : 일본 중학교에서의 왜곡 역사교과서 채택을 반대하는 우리의 결의
주체 : 강원도 춘천시의회

최근 일본정부는 극우반동집단인 '새 역사교과서 만드는 모임'의 주장을 받아들여 후소사(扶桑社) 등 교과서 출판사들이 일본 중학교의 역사교과서에서, 태평양전쟁을 아시아 해방전쟁으로 기술하고, 식민지 개발론을 식민지 근대화 · 시혜론의 관점에서 조선주민을 위한 것처럼 왜곡, 수탈과 지배의 목적을 은폐하는 등 철저히 개악된 교과서를 편찬하도록 하였다.

이는 일제가 식민지 민중에게 범한 반인륜적 행위와 전쟁의 죄악상을 사실대로 밝히기는커녕 오히려 이를 미화하려는 반역사적이고 반인권적인 범죄이다.

특히 새로운 역사교과서에 삭제된 일본군 '위안부' 문제와 징용 · 징병제 문제는 우리 민족 나아가 아시아 민중에게 더할 수 없는 '치욕'이었고 '반인권'이었으며 '강제적'이었다.

그들이 믿고 싶어하는 일본군 '위안부'들의 '자발성'이라는 주장은 일제가 저지른 과거 침략행위에 대한 명백한 인권침해이며 명예훼손이다. 이는 명백히 자신들이 저지른 과거 제국주의 침략행위에 대한 반성을 거부하고 오히려 황국사관을 통해 군국주의 부활을 획책하려는 움직임의 하나인 것이다.

이러한 반역사적인 행위는 급속히 진행되고 있는 일본사회의 우경화 흐름에 일부 일본인들이 동조하고 있는 것도 사실이다.

그러나 그러한 단견적인 역사의 왜곡이 결국 일본의 국익에 반(反)하는 일이 될 것이며, 평화와 인권의 존중을 지향하는 21세기 국제사회에서 일본의 입지를 좁히는 일이 될 것이라는 것은 불을 보듯 분명한 일이다.

우리는 아니 아시아 민중들은 분명히 기억하고 있다. 일본 제국주의 침략이 가져왔던 참담한 과거사를. 그렇다고 해서 우리는 언제나 과거 속에 살면서 일본을 원망하지는 않는다. 당연히 우리는 평화롭고 상호 대등한, 그리고 개개인의 인권이 존중되는 새로운 아시아 협력질서의 구축을 간절히 소망하고 있다.

단지 그러한 새로운 질서는 과거 침략사에 대한 일본의 진실된 반성과 후세에 대한 올바른 역사교육이 전제될 때만이 실현될 수 있다고 믿는다.

우리 민족의 바람을 무참히 짓밟고, 나아가 침략행위를 미화시키려는 일본정

부의 기도를 우리는 제2의 아시아 침략행위로 규정하지 않을 수 없다.

반동적인 일본정부의 역사왜곡 시도가 즉시 중단되지 않을 경우, 그들이 역사교과서에서 그토록 숨기고자 노력하는 아시아 민중들의 광범한 저항이 살아있는 역사 속에서 재현될 것임을 엄중히 경고하면서, 아울러 우리는 일본의 순수하게 자라나는 어린이들이 거짓된 역사에 병들지 않고 장차 주변국들과 평화롭고 대등한 인권이 존중되는 지구촌 건설에 상호 협력할 수 있도록 일본의 중학교에서 왜곡된 역사교과서가 교재로 채택되지 않도록 모든 노력을 다할 것을 다짐하면서 다음과 같이 결의한다.

1. 일본 교과서 역사왜곡 검정 통과는 총성 없는 침략행위로 이를 강력히 규탄한다!
1. 일본정부는 검정승인된 교과서를 철회·재수정할 것을 깅력 촉구한다!
1. 일본정부는 침략사실을 겸허히 반성하고 사실에 입각한 역사교육을 실시하라!
1. 일본정부는 황국사관을 통한 군국주의의 부활 망상을 즉각 중단하라!
1. 춘천시와의 자매결연 및 교류결연 기관인 호후시(防府市)와 호후시의회 및 호후시 교육위원회에서는 관내 중학교에서는 결코 왜곡된 역사교과서가 채택되지 않도록 적극 협조하여줄 것을 강력히 요구한다.

41

날짜 : 2001년 7월 11일
제목 : 일본의 역사교과서 왜곡에 대한 시정 재촉구 성명서
주체 : 전국시·도의회의장협의회 회원 일동

1. '전국시·도의회의장협의회'는 36년 간의 식민통치와 침략전쟁으로 인하여 대한민국 국민의 자존심과 국민정서에 결코 치유될 수 없는 상처를 입힌 일본이 중학교 역사교과서를 왜곡 기술하고 이를 검정하여 우리의 고통과 아픔을 극에 달하게 하였다.
2. 그렇지만 우리는 선린우호관계의 신뢰를 바탕으로 이의 시정을 촉구하였으

나 일본정부는 과거 잘못에 대한 반성은커녕 성의있는 조치를 외면한 채 검토결과를 발표하는 등 세계사에 역행하는 치졸한 역사적 만행에 실망과 함께 분노와 경악을 금치 못하는 바이다.

3. 우리는 왜곡된 역사교과서를 통해 일본의 젊은 세대들이 그릇된 역사교육을 받게 된다면 학생들의 굴절된 가치관으로 인하여 한 · 일 간의 과거 감정 문제뿐 아니라 앞으로도 진정한 주변국과의 관계는 요원할 것으로 국제사회에서의 일본의 입지가 어렵게 되는 우려를 하지 않을 수 없다.

4. 우리는 정부가 왜곡된 일본 역사교과서가 반드시 수정되도록 강력히 대응하고, 다음 조치를 취해줄 것을 다시 한번 강력히 요구한다.

1) 일본의 유엔안보리 상임이사국 진출 반대
2) 일본 대중문화의 추가개방 재검토 등 교류사업 축소
3) 유엔 등 국제회의에서의 지속적인 문제제기
4) 관련 주변국과의 연계대응 추진

5. 우리는 일본정부가 지금이라도 진정한 사과와 함께 대한민국 모든 국민이 납득할 만한 조치를 즉각 취해줄 것을 강력히 촉구하며, 향후 일본정부의 성의있는 답변과 대책이 없을 시 모든 책임은 일본정부에 있으며, 전국민과 함께 특단의 대책을 강구함은 물론 양심있는 전세계인들이 우리의 뜻에 전폭적으로 호응해줄 것을 호소하며 역사 바로세우기에 적극 대처해나갈 것임을 천명하는 바이다.

42

날짜 : 2001년 7월 12일
제목 : 일본 역사교과서 왜곡에 대한 시정 촉구 성명서
주체 : 제주도의회

최근 우리 정부가 요구한 왜곡된 중학교용 역사교과서 재수정을 하지 않겠다고 밝힌 일본정부의 그릇된 역사인식에 대해 강력히 규탄한다.

일본은 지난 36년 간 식민통치와 침략전쟁으로 인해 우리 국민들에게 엄청난

희생과 고통을 줬음에도 불구하고 이를 반성하기는커녕 역사교과서 왜곡을 통해 자신들의 잘못을 정당화하려는 데 대해 분노와 경악을 금치 못하는 바이다.

이렇듯 일본이 역사교과서의 명백한 왜곡에 대한 우리 정부의 수정 요구사항을 묵살한 것은 올바른 한일 간의 미래를 만들어가고자 하는 우리 국민의 염원을 부정한 것이자, 일본이 세계 시민으로서의 자격을 사실상 상실한 처사로서 일본정부의 태도에 실망과 분노를 금할 길이 없다.

그리고 무엇보다도 일본정부가 남에게 해를 끼칠 줄 모르는 선량한 제주도민들을 역사교과서를 통해 해적행위나 일삼던 왜구에 포함시킨 것은 근거없이 과장된 역사왜곡이고 제주도민들에 대한 모독적 행위가 아닐 수 없다.

이에 우리는 지난 4월 14일 전국시·도의회의장협의회에서도 일본 역사교과서 왜곡에 대해 시정을 촉구한 바 있으며, 다시 한번 일본이 이성을 되찾고 올곧은 역사를 정립하여 떳떳하게 세계무대에 나올 것을 촉구하며, 아울러 제주도를 왜구거점으로, 또 도민들을 '왜구집단'에 포함시킨 데 대해 전도민에게 사과하고 하루빨리 수정을 통해 바로잡을 것을 강력히 요구한다.

정부도 일본이 우리가 요구하는 역사교과서 수정이 이루어질 때까지 일본의 유엔안보리 상임이사국 진출 반대, 일본 대중문화의 추가개방 불허 및 교류사업 축소, 유엔 등 국제회의에서의 지속적인 문제제기를 통한 외교고립, 관련 주변국과의 연계대응을 해줄 것을 강력히 요구한다.

우리는 이러한 우리의 요구가 관철될 때까지 전도민과 함께 특단의 대책을 강구함은 물론 그릇된 역사 바로세우기에 적극 대처해나갈 것임을 천명한다.

43

날짜 : 2001년 7월 13일
제목 : 일본 역사교과서 왜곡 규탄 성명서
주체 : 전라북도의회 의원 일동

전라북도의회는 국제 자매결연 지방자치단체가 2곳이 있다. 중국 강소성과 일본 가고시마현, 그 중에서 전라북도의회 일행이 교류 방문하는 중국 강소성을 방문할 때마다 빼놓지 않고 안내하는 곳이 있다. 그곳은 남경대학살 기념관이다.

기념관에 갈 때마다 안내원은 기념관 담 밑에 일본사람이 새긴 추모비의 문구 "고개 숙여 용서를 빕니다"라는 10개의 비석을 소개했었다. 남경대학살은 일본군이 1937년에 남녀노소를 구분하지 않고 30만 명을 무참히 살해한 역사상 유례 없는 만행이다. 기념관에는 일본 방문객이 중국인에게 참회하는 마음으로 남긴 수만 마리의 종이학, 편지, 엽서가 한쪽을 장식하고 있다. 최근 극우로 치닫고 있는 일본이 역사교과서에조차 소개하지 않는 대학살 현장이다. 오히려 피해자인 중국인들은 기념관 여기저기에 "용서하라 그러나 잊지는 말자"는 문구를 남겨놓았다. 세계평화를 위해서 가해자인 후안무치한 일본을 인내하자는 것인데 무작정 용서할 수 없다는 생각이 든다. 우리나라 천안에 있는 독립기념관에도 36년 동안 처절한 독립운동사를 한눈에 볼 수 있고, 꽃다운 처녀들을 전쟁터로 끌고 가서 일본군의 성노예로 삼았던 만행도 전시되어 있는데 일본 역사교과서는 종군위안부 서술도 누락시켰다. 또한 조선인 수천 명이 숨진 관동대학살도 외면하고 있다. 일본은 식민지배 당시 한국인에 대한 수탈을 위해서 농도인 전북의 쌀을 빼앗고, 농토를 강탈하기 위해서 철도를 놓고 토지를 개량했는데, 일본교과서는 한국을 위해서 개발했다고 미화 묘사하고 있다. "조선" 국호가 아닌 "이씨조선"이라고 표기하고 "조선침략" 대신 "조선출병"이라는 표현도 명백한 오류가 아닐 수 없다. 정작 일본은 강제동원과 황민화 정책, 식민지 조선개발론에 대해서 인정하지 않고 있는데 용서할 수 있는지, 가해자가 반성은커녕 과거사를 왜곡하고 미화하는데 우리가 용서할 수 있겠는가? 일본정부의 안일한 대처가 온 국민을 분노케 하는 데 더욱 부채질하고 있음을 간과하지 말고, 역사교과서를 왜곡하지 말고 전면 수정해야 한다. 향후 일어나는 어떠한 사태도 전적으로 일본정부에 그 책임이 있음을 명확히 밝히면서 조속한 시일 내에 왜곡교과서의 수정을 재차 촉구한다.

1. 일본정부가 일본중학교 역사교과서에 왜곡 기술된 내용에 대해 우리 정부가 수정 요구한 것과 관련하여 우리 국민의 관심을 전면 거부한 처사에 대해서 전라북도의회는 깊은 실망과 유감을 표시한다.

2. 일본은 우리 국민이 아직도 생생히 기억하고 있는 36년 침략사에 대해서 속죄하는 마음으로 올바른 역사관을 세우고 피해국들에게 사죄하라. 이러한 이웃을 둔 게 슬프기 그지없다. 일본은 독일을 배워야 한다.

3. 일본 가고시마현과 우리 도가 상호우호관계 증진과 협력을 다지기 위해 자

매결연을 맺고 있다. 그러나 역사교과서의 수정 없이 계속적으로 일본국이 이를 고집하고 있다면 국제 간 교류협력에 있어 상호 신뢰할 수 없는 상황에서 본 도의회는 이를 지속할 수 없음은 물론 집행부의 대일본 자매결연도 중단할 수 있음을 첨언하는 바이다.

4. 우리 도의회는 대일본국에 대한 우리 정부의 입장을 전폭 지지하면서 우리 정부가 요구한 35개 항목을 전면 수용할 것을 다시 한번 촉구한다.

44

날짜 : 2001년 7월 13일
제목 : 성명서 「일본은 왜곡된 역사교육 망상을 즉각 포기하라!」
주체 : 제주도 교육위원회 교육위원 일동

일본은 왜곡된 역사교과서를 재수정하라는 우리의 요구를 사실상 전면 거부하였다. 이는 일본정부가 극우 국수주의로 전향함과 동시에 한국 및 아시아 제민족에 대해 패권적 자세로 돌아섰음을 선포하는 것이며, 장기적 불황의 책임을 이웃 제민족을 희생양으로 삼아 회피하고자 하는 졸렬한 술수이다.

세계인의 여론을 무시하고 과거 전범자, 가해자로서의 잘못된 역사에 대한 반성은커녕 날조와 왜곡을 강화하면서 세계에 대한 자국의 역할을 강조하는 일본의 이중성의 저의는 무엇인가, 자신에 대한 철저한 양심적 자기 검증만이 선린 우호에 토대한 국제관계를 유지하는 기본임을 일본정부는 모르는가.

감추고 왜곡한다고 엄연한 역사적 사실이 사라지겠는가. 강제적이고 침략적으로 이뤄진 한국 병탄이 동아시아를 안정시키기 위해 당시의 국제 관계법상 합법적인 방법으로 이뤄졌다는 기술이나, 우리 제주도를 왜구의 거점으로, 그리고 제주 선인들을 왜구로 기술하는 등 날조되고 왜곡된 역사 기술은 자신들의 후세교육에도 전혀 도움이 되지 못할 뿐만 아니라 주변 국민 간에 악감정을 조장시키는 행위임을 일본정부는 알아야 할 것이다.

지금부터라도 일본정부는 자기 도취에 빠져 과거 군국주의로의 회귀를 노리는 극우 파시스트들과의 관계를 과감하게 청산하여 세계에 사과하고, 한국 및 주변국의 역사교과서 재수정 요구를 받아들이는 겸허한 자세를 보여야 한다. 그

것만이 한·일 양국 간 또는 주변국과의 선린우호에 토대한 국제관계를 복원시킬 수 있는 유일한 길임과 동시에 후대에 물려줄 양국 간 우호의 유산임을 알아야 한다.

우리 제주도 교육위원회 교육위원 일동은 일본정부가 자신의 부끄러움을 알고 역사교과서 왜곡 부분을 바로 수정할 것을 강력히 촉구한다.

우리의 이런 요구들이 받아들여지지 않아 발생하는 양국 간의 문제는 전적으로 그 책임이 일본정부에 있음을 밝히며, 우리는 이런 요구가 관철될 때까지 모든 교육기관·단체와 연계하여 강력하게 대응해나갈 것이다.

45

날짜 : 2001년 7월 13일
제목 : 일본 역사교과서 왜곡시정촉구 결의문
주체 : 제주도 제주시의회 의원 일동

역사와 문화가 살아 숨쉬며 탐라선인들의 혼이 깃든 28만 제주시민을 대변하는 제주시의회는 우리 정부가 요구한 왜곡된 역사교과서 재수정을 하지 않겠다고 밝힌 일본정부의 그릇된 역사 인식에 대해 강력히 규탄한다.

일본은 지난 세기 강점 통치와 침략전쟁으로 우리 국민들에게 형용하기 어려운 커다란 희생과 고통을 주었던 전범자로서 세계인과 특히 우리 국민에게 사죄하고 깊이 반성하여야 함에도 불구하고 역사교과서 왜곡을 통해 자신들의 잘못을 숨기고 정당화하려는 데 대해 분노와 경악을 금치 못하는 바이다.

특히 선사 이래로 척박한 땅을 축복의 땅으로 바꾸며 선량한 삶을 살았던 우리 조상들에게 왜구의 후예인 것처럼 왜곡한 데 대하여 분노하며 강력한 시정을 촉구하는 바이다.

이에 우리 제주시의회는 일본정부가 인권과 평화를 외면한 채 군국주의를 강조하는 교과서가 학생들의 교재로 결코 사용되지 않도록 적극 조치할 것을 촉구하면서 다음과 같이 결의한다.

1. 일본정부가 통과시킨 8종의 역사 및 공민교과서에 날조하거나 왜곡·과

장·축소 또는 미화 등 잘못 기술된 과거사 부분을 즉각 시정조치하고 일본정부는 공식 사과할 것을 촉구한다.

1. 우리 제주인을 해적행위나 일삼던 왜구로, 제주도를 왜구의 근거지에 포함시킨 것은 과장된 역사왜곡이고 우리 조상들에 대한 모독행위로서 이를 즉각 시정할 것을 강력 촉구한다.

1. 일본정부는 다음 세대의 주역인 일본 청소년들에게 사실에 입각한 올바른 역사관을 심어주겠다는 의지를 보여줌으로써 관련국가와의 신뢰를 회복하고 국제사회의 책임 있는 일원으로서 공존할 수 있도록 노력할 것을 촉구한다.

1. 우리는 이러한 우리의 요구가 관철될 때까지 모든 수단과 특단의 대책을 강구함은 물론 그릇된 역사 바로세우기에 적극 대처해나갈 것임을 천명하면서 28만 제주시민을 대표하여 한·일 양국의 우호관계를 더이상 훼손시키지 말 것을 엄중히 경고하며 잘못된 역사교과서를 즉각 시정할 것을 거듭 촉구한다.

46

날짜 : 2001년 7월 14일
제목 : 일본 역사교과서 왜곡시정촉구 결의문
주체 : 경기도 시흥시의회 의원 일동

2002년부터 사용될 일본의 중학교 역사교과서가 과거사를 광범위하게 날조 왜곡하여 기술하고 있는 데 우리는 분노와 배신감을 금치 못하면서 일본은 역사교과서 왜곡을 즉각 중단하고 날조 왜곡된 부분을 즉시 시정할 것을 강력히 촉구 결의한다.

1. 일본이 위안부 보상문제 등 과거사에 대한 진정한 사과와 반성이 없는 상황에서 최근 일본의 검정을 통과한 역사교과서는 과거 태평양전쟁이 침략전쟁이 아닌 아시아 해방전쟁이라는 어처구니없는 제국주의 논리를 펴며 침략전쟁에 대한 책임을 부인하는 등 역사를 광범위하게 왜곡 날조시키고 있는바 이에 우리는 심각한 우려를 금할 수 없다.

1. 일본의 이러한 역사교과서 왜곡은 일본의 군국주의에 피해를 당한 여러 나

라에 대한 도전이며 민주주의와 평화를 희구하는 세계인류에 대한 배신행위이
므로 이를 즉각 중단하고 왜곡된 역사교과서는 반드시 시정할 것을 촉구한다.

　1. 우리는 차제에 앞으로 끊임없이 이어질 일본의 오만에 슬기롭게 대처하여
야 할 것이며, 정부는 일본의 역사교과서 왜곡문제에 대해 결연한 의지로 단호
히 대처하고, 민족의 자존심을 지키는 강력한 대응책 강구에 최선을 다할 것을
요구한다.

　1. 시흥시의회 의원 일동은 33만 시흥시민과 함께 일본 역사교과서 왜곡의 시
정을 강력히 촉구하며, 우리의 요구사항이 관철될 때까지 일본상품 불매운동을
전개하는 등 강력히 대처해 나갈 것을 결의한다.

47

날짜 : **2001년 7월 14일**
제목 : **일본국의 역사교과서 왜곡시정촉구 결의문**
주체 : **경기도 안양시의회**

　안양시의회는 일본국이 과거 역사를 반성하지 않고 오히려 미래세대에 왜곡
된 역사를 주입시키려는 금번 역사교과서 왜곡기도는 그 동안 일본사회의 극우
화 사조와 군국주의에 뿌리를 둔 그릇된 역사인식을 반영하고 있다고 생각하며
일본 극우단체의 주도 아래 진행되고 있는 근세 일제 침략역사의 미화 등의 교
과서 왜곡기도를 강력히 규탄하며 다음과 같이 결의한다.

　1. 일본국 정부는 2002년부터 상용될 중학교 역사교과서의 과거사 축소·왜
곡에 대해 책임을 지고 잘못된 부분을 조속히 수정할 것을 촉구하며, 아울러 일
본국 정부가 항상 국제 사회적으로 물의를 일으키는 것은 일제의 잔혹한 식민통
치와 전범행위에 대해 실질적인 사과를 하지 않은 채 잘못된 인식으로 역사를
왜곡하기 때문인 만큼, 주변국들에게 실질적인 사과와 동시에 왜곡된 역사교과
서의 즉각적인 시정을 촉구한다.

　2. 일본국의 양식 있는 지식인 사회는 과거의 잘못을 합리화하고 역사적 사실
을 왜곡하는 교과서를 일본학생들이 사용할 경우 굴절된 역사인식 주입으로 불

행한 역사를 되풀이할 위험성을 가지고 있을 뿐 아니라 주변국과의 관계에도 중대한 영향을 미치는 만큼 공정하고 올바른 역사서술로 일본국의 미래세대가 올바른 역사관을 가질 수 있도록 금번 역사교과서 왜곡 행위 중단을 요구하는 대한민국 정부의 노력에 적극 협력하여줄 것을 요청한다.

3. 대한민국 정부는 일본국이 과거에 대한 충분한 사죄와 반성은 도외시한 채, 일본국 학교에서 왜곡된 역사를 가르치는 행위가 발생되지 않도록 역사교과서 왜곡이 시정될 때까지 국제사회에서의 외교 역량 강화를 통하여 일본국의 부도덕성을 부각시키고 일본국 대중문화 개방중단뿐 아니라, 일본국과 우호적인 관계를 유지하고 있는 사회 전반적인 부분들에 대해 전면적인 재검토를 촉구한다.

4. 일본국의 역사교과서 왜곡기도는 한ㆍ일 양국의 선린우호관계와 21세기 미래사회를 향한 동반자적 협력관계를 크게 훼손시키고 아울러 대한민국 국민의 반일 감정을 증폭시킨다는 점과 나아가서는 일본국의 국제적인 고립을 자초하게 될 것임을 일본정부는 자각하여야 할 것이다.

5. 일본국의 금번 역사교과서 왜곡은 대한민국의 민족적 자존심과 정체성이 걸린 문제로 이에 대한 시정이 이루어지지 않을 경우 우리 안양시의회는 사회단체와 연대하여 일본제품 불매운동 등을 벌여나갈 것을 천명한다.

6. 아울러 안양시는 일본의 자매결연도시나 우호도시가 왜곡된 역사교과서를 채택하지 말 것을 요청함과 동시에 잠정적인 교류 중단조치 등 일본의 역사왜곡 사태가 시정되도록 다각적인 외교적 노력을 경주하여줄 것을 촉구한다.

48

날짜 : 2001년 7월 14일
제목 : 성명서
주체 : 전국 시장ㆍ군수ㆍ구청장협의회

일본 문부과학성은 지난 3월 29일 일본 제국주의를 미화하는 등 진실이 왜곡된 중학교 역사교과서의 검정을 승인함에 따라 한국정부는 이에 대하여 즉각 시정하여줄 것을 강력히 요구하여왔다.

그러나 일본정부는 한국정부가 제시한 35개 항목 중에서 고대 조선사 부분과 야마토(大和)조정에 관련된 기술 등 두 곳만 수정하도록 권고할 예정이라고 무성의한 태도로 일관하고 있다.

이번 역사교과서 왜곡사건은 일본 제국주의를 정당화시켜 자국의 국민에게는 긍지와 자부심을 심어주고, 반면에 한국을 비롯한 중국 등 아시아 여러 나라들은 무시하는 저급한 쇼비니즘의 잔재로써 경악을 금치 못하는 바이다.

왜곡된 일본 중학교 역사교과서는 사실적 근거가 없는 허구적 학설인 '임나일본부설'을 골격으로 해서 일본역사는 미화하고 한국사를 폄하하고 있으며, 일본군에 의한 군대위안부 강제동원 사실을 고의로 누락하여 태평양전쟁 당시의 반인륜적 잔혹행위의 실체를 은폐하였다.

뿐만 아니라 임진왜란과 강화도 사건 및 한국 강제병합 등 양국 사이에서 발생한 사건의 책임 소재를 모호하게 희석시키고 있으며, 식민지 지배에 대한 반성도 없이 오히려 시혜를 베푼 듯이 서술하고 있고, 한국에서의 연구성과와 일본 내에서의 연구성과도 제대로 반영하지 않고 있다.

일본교과서에 중국을 비롯한 아시아 여러 나라들의 역사를 근거도 없이 비하해서 묘사하는 인종 차별적인 세계관을 기술한 대목에 이르러서는 과연 일본이 국제사회의 일원으로서 자격이 있는 국가인가 하는 근본적인 의구심마저 들 정도이다.

그 동안 우리나라를 비롯한 중국·동남아 제국가들은 이러한 왜곡된 역사인식을 바로잡아줄 것을 강력히 요구하여왔으나, 일본정부가 이를 외면하고 문제의 역사왜곡 교과서를 검정 승인한 것은 대단히 심각한 문제다.

이에 지방행정을 책임지고 있는 전국시장·군수·구청장들은 평화와 화해를 염원하는 국제사회의 조류를 역행하는 반역사적이고 반인권적인 일본 중학교 역사교과서의 검정승인을 결코 좌시할 수 없으며, 일본정부에 대해 국제 질서를 파기하고 스스로의 고립을 자초하는 이러한 역사왜곡 행위를 즉각 중단하여줄 것을 다시 한번 강력히 요청하는 바이다.

아울러 전국 232명의 시장·군수·구청장들은 1998년 '21세기의 새로운 한·일 파트너십 공동선언' 이후 한·일 양국 간의 신뢰회복과 공동번영을 위해 왜곡된 역사교과서의 승인 철회를 거듭 촉구하면서, 한국정부의 일본정부에 대한 강력한 대응을 지지하며 이에 협조를 아끼지 않을 것임을 천명하는 바이다.

나아가 전국 시장·군수·구청장들은 자매결연 등 우호 관계를 맺고 있는 일본 지방자치단체에 공한문을 보내 왜곡된 일본 중학교 역사교과서 채택저지운동에 적극 참여토록 할 것이며, 또한 일본의 양심 있는 학계·언론계·시민단체와 협력하여 시정될 때까지 계속하여 교과서채택 저지운동을 전개하고, 한국 내 일본문화의 개방을 전면 거부하며, 일본 제품 안 사쓰기 운동을 범국민적으로 전개해나갈 것을 선언하는 바이다.

49

날짜 : 2001년 7월 14일
제목 : 일본 역사교과서 왜곡시정촉구 결의문
주체 : 전라남도 강진군의회 의원 일동

대한민국과 일본국은 2002년 월드컵 축구대회를 공동개최하고, 일본 문화개방을 통하여 양국 간의 상호 신뢰를 바탕으로 과거 암울했던 관계를 청산함은 물론 새로이 미래지향적인 관계정립을 위하여 노력하고 있던 중, 2001년 4월 3일 일본 문부과학성의 검정을 통과한 일본중학교 역사교과서는 과거사를 축소·은폐·왜곡되게 기술하여, 그들의 후손에게 과거사에 대한 진정한 반성 없이 왜곡 날조된 교육을 받게 함으로써 또다른 군국주의의 부활 망동이 우려되는 바, 이러한 역사교과서 왜곡은 양심적인 세계인의 노력과 화해와 공존을 통한 항구적인 세계평화 유지를 명문화한 UN헌장에 정면으로 위반한 반인류적 폭거이고, 일제에 침략당해 고통받은 한국 등 동아시아 국가들에게 역사왜곡을 통한 정신적 재침략 행위인바, 우리 강진군의회 의원 일동은 이에 단호하게 대처하고자 한다.

일본정부는 양국 간의 관계 개선에 아무런 도움이 되지 않을 뿐만 아니라, 그동안 추진하였던 각종 화해 협력의 노력들을 물거품이 되게 하는 역사왜곡 교과서를 즉각 재수정하고, 각급 학교에서 역사왜곡 교과서를 채택하지 못하도록 할 것을 촉구한다.

이번 우리의 재수정 요구는 과거의 침략 행위에 얽매여 무조건 배척·거부하고자 하는 것이 아니라, 올바른 역사에 기초한 21세기 한·일 동반자 관계를 확립하고, 나아가 동북아 평화의 새로운 지평을 열고자 하는 것이며, 그릇된 역사교육으로 인한 일본 청소년의 정신적 황폐화를 막고, 당당한 세계인으로 성장하기를 바라는 마음임을 다시 한번 주지하면서 우리 강진군의회 의원 일동은 5만 군민과 함께 다음과 같이 결의한다.

1. 일본정부는 더이상 역사를 왜곡하지 말고, 과거의 침략 전쟁과 비인도적 행위에 대해 마음 깊이 반성하고 진심으로 사죄하라.
1. 일본정부는 왜곡된 역사교과서를 즉각 재수정하고, 왜곡된 역사교과서를 각급 학교에서 채택하지 못하도록 즉각 조치하라.
1. '새 역사교과서를 만드는 모임' 등의 일본 우익단체는 올바른 역사관에 근거한 바른 역사를 기술하여, 후손들이 당당한 세계인으로 성장하도록 학자의 양심으로 돌아올 것을 촉구한다.
1. 일본의 지방의회는 왜곡된 역사교과서를 정식 교과서로 채택하는 반인륜적 범죄예방에 전주민의 이름으로 강력히 대처하라.

50

날짜 : 2001년 7월 16일
제목 : 일본 역사교과서 왜곡에 대한 규탄 결의
　　　일본 중학교에서의 왜곡 역사교과서 채택을 반대하는 우리의 결의
주체 : 강원도 고성군의회

최근 일본정부는 극우 반동집단인 '새 역사교과서를 만드는 모임'의 주장을 받아들여 후소샤 등 교과서 출판사들이 일본중학교 역사교과서에서 조선이라는 국호 대신 이씨조선이라고 기술하고 임진왜란에 대해서도 조선침략 대신 조선출병으로, 태평양전쟁을 아시아해방 전쟁으로 식민지 개발론을 식민지 근대화 등 조선주민을 위한 것처럼 왜곡하여 수탈과 지배의 목적을 은폐하여 식민지 민중에게 반인륜적으로 행한 범죄행위를 오히려 미화하려는 죄악상을 드러내고 있다.

특히 새로운 역사교과서에서 삭제된 일본군 '위안부' 문제와 징용문제는 우리 민족, 나아가 아시아 민중에게 더없는 '치욕'이었고 '반인권적'이었으며 '강제적'이었다.

그들이 믿고 싶어하는 일본군 '위안부'들의 '자발성'이라는 주장은 일제가 저지른 과거침략 행위에 대한 명백한 인권침해이며 명예훼손이다. 이는 명백히 자신들이 저지른 과거 제국주의 침략행위에 대한 반성을 거부하고 오히려 황국사관을 통해 군국주의 부활을 획책하려는 움직임의 하나인 것이다.

이와같이 일본정부의 "역사교과서 재수정 요구안" 거부는 급격하게 우경화하고 있는 일본의 실체를 반영하고 있다.

이러한 단견적인 역사의 왜곡이 결국 일본의 국익에 반하는 일이 될 것이며 평화와 인권의 존중을 지향하는 21세기 국제 사회에서 일본의 입지를 좁히는 일이 될 것이라는 것은 불을 보듯 분명한 일이다.

우리는 아니 아시아 민중들은 분명히 기억하고 있다. 일본 제국주의 침략이 가져왔던 참담한 과거사를. 그렇다고 해서 우리는 언제나 과거 속에 살면서 일본을 원망하지는 않는다. 당연히 우리는 평화롭고 상호 대등한, 그리고 개개인의 인권이 존중되는 새로운 아시아 협력질서의 구축을 간절히 소망하고 있다. 단지 그러한 새로운 질서는 과거 침략사에 대한 일본의 진실된 반성과 후세에 대한 올바른 역사교육이 전제될 때만이 실현될 수 있다고 믿는다.

우리 민족의 바람을 무참히 짓밟고, 나아가 침략행위를 미화시키려는 일본정부의 기도를 우리는 제2의 아시아 침략행위로 규정하지 않을 수 없다. 반동적인 일본정부의 역사왜곡 시도가 즉시 중단되지 않을 경우, 그들이 역사교과서에서 그토록 숨기고자 노력하는 아시아 민중들의 광범한 저항이 살아있는 역사 속에서 재현될 것임을 엄중히 경고하면서, 아울러 우리는 일본의 순진하게 자라나는 어린이들이 거짓된 역사에 병들지 않고 장차 주변국들과 평화롭고 대등한 인권이 존중되는 지구촌 건설에 상호 협력할 수 있도록 일본의 중학교에서 왜곡된 역사교과서가 교재로 채택되지 않도록 모든 노력을 다할 것을 다짐하면서 다음과 같이 결의한다.

1. 일본 교과서 역사왜곡 검정 통과는 총성 없는 침략행위로 이를 강력히 규탄한다!

1. 일본정부는 침략사실을 왜곡하는 검정 승인된 교과서를 철회·재수정할 것을 강력히 촉구한다!

1. 일본정부는 침략사실을 겸허히 반성하고 사실에 입각한 역사교육을 실시하라!

1. 일본정부는 침략전쟁의 고통과 참상을 제대로 알고 피해자들의 명예를 회복하라!

1. 고성군과의 자매결연 및 교류결연 기관인 요도에정과 요도에정 의회 및 요도에정 교육위원회에서는 관내 중학교에서 결코 왜곡된 역사교과서가 채택되지 않도록 적극 협조하여줄 것을 강력히 요구한다.

51

날짜 : 2001년 7월 18일
제목 : 일본국의 역사교과서 왜곡시정촉구 결의문
주체 : 경기도의회 의원 일동

경기도의회는 일본정부가 왜곡된 역사교과서에 대한 우리의 시정요구를 거부하는 것은 역사적 진실을 외면하는 결코 용납될 수 없는 처사로서 일본국의 과거사에 대한 올바른 인식제고와 역사교과서의 내용축소 및 왜곡된 부분의 조속한 시정을 경기도의회 차원에서 강력하게 촉구하고자 다음과 같이 결의한다.

1. 일본국 정부는 2002년부터 사용될 중학교 역사교과서 내용에서 우리 정부가 요구한 과거사 축소 및 왜곡된 부분을 수정하고 1982년 일본국 문부대신이 역사교과서 검정기준으로 발표한 "국제이해와 국제협조의 견지에서 필요한 배려"라는 원칙에 충실할 것을 촉구한다.

2. 일본국의 정계·교육계·언론계를 포함한 지식인 사회는 일본국의 굴절된 전전의 역사교육이 가져온 불행한 결과를 상기하여 왜곡된 교과서의 수정거부는 곧 역사적 진실을 거부하는 것인바 다음 세대가 올바른 역사를 배우도록 협력할 것을 요청한다.

3. 만약 우리의 재수정 요구에 일본이 응하지 않으면 경기도의회에서는 역사교과서 왜곡이 시정될 때까지 경기도와 일본국 지방자치단체와의 모든 분야의 교류를 전면 재검토한다.

4. 정부는 왜곡된 역사교과서가 반드시 수정되도록 보다 강력히 대응하고 다음 조치를 취해줄 것을 요구한다.

　　가. 일본의 UN안전보장이사회상임이사국 진출 적극 저지
　　나. 일본 대중문화개방 중단 및 부처별 구체적 대응책 강구
　　다. 일본 내 양심있는 사람들과의 연대를 통해 교과서 불채택운동 전개
　　라. 관련 주변국가와의 공동대처

5. 일본국의 역사교과서 왜곡은 한·일 양국 간의 선린우호관계와 동반자적 협력관계를 크게 훼손할 뿐만 아니라 일본국의 국제적인 고립을 자초하게 될 것임을 엄중히 경고한다.

52

날짜 : 2001년 7월 18일
제목 : 결의문 「일본은 올바른 역사관을 정립하여 세계평화에 동참하라」
주체 : 경상북도 교육위원회 교육위원 일동

우리 한국은 일본과 지정학적으로 가까운 이웃나라로서 고대 시대부터 1천 5백여 년이나 되는 참으로 오랜 동안 선진 문물의 전파, 임진왜란, 식민지 지배 등 교류와 갈등의 역사를 가지고 있다.

그러나 이제 일본은 세계 2차대전 종전으로 군국주의자들이 몰락하고 평화헌법 제정으로 과거 어두운 역사를 모두 청산하여 한·일 문화개방, 2002년 월드컵 공동개최 등 양국 우호친선의 기운이 날로 높아지는 시점에 역사교과서 왜곡이라는 군국주의 망령이 다시 되살아나고 있어 50만 경상북도 교육가족 전원과 4천 5백만 한국민은 예의주시하고 있다.

우리는 양국 정부 간의 공식적인 외교경로를 통해 이성적이고 합리적인 대화로 역사왜곡 문제가 원만하게 해결되기를 희망하여왔으나, 일본은 세계 여론을 무시하고 과거 전범자, 가해자로서의 잘못된 역사에 대한 반성은커녕 과거 군국주의로 회귀하고 있으며, 현재 일본정부는 교과서 사태로 인한 한·일 관계 악화에 대해 "시간이 해결해준다"는 듯한 자세를 보여주고 있어 인권과 평화를 염원하는 세계시민은 실망을 금치 못하고 있다.

일본정부는 과거 황국사관에 입각한 세계제패 야욕으로 동북아시아를 전장으

로 만들었고 그도 모자라 태평양전쟁으로 확전시켜 세계평화를 위협하는 무수한 반인류적인 전쟁범죄를 저지른 결과, 결국은 자국민들에게 돌이킬 수 없는 깊은 상처를 주었던 역사적 교훈을 왜 의도적으로 지우려 하고 있는가?

일본은 과거 어두운 역사에 애써 눈을 감아버린다면 미래를 보지 못할 것이며, 불순한 의도로써 역사를 왜곡한다면 그 업보가 되풀이되어 이웃나라를 위협할 뿐만 아니라 자국민을 불행하게 할지도 모른다.

이에 우리는 일본이 과거의 침략전쟁이나 식민지 지배 같은 잘못을 인정하고 그것을 일본의 젊은 세대에게 가감없이 가르쳐 오류와 비극을 되풀이하지 않도록 다음과 같이 결의한다.

· 우리는 일본이 왜곡된 역사교과서 시정을 외면한 데 대해 깊은 실망과 통한을 금치 못하며 성의 있는 태도로 왜곡된 역사교과서를 즉시 시정할 것을 촉구한다!

· 일본정부는 자라나는 2세들에게 과거 역사의 과오를 인정하고 미래지향적인 올바른 역사관을 정립시켜 세계평화와 인류 공동번영을 추구하는 평화헌법의 이념을 실현하라!

· 일본 내 양심적인 지식인과 시민사회단체들은 왜곡된 역사교과서로 인해 궁극적으로 군국주의자들이 창궐하여 비극적인 역사가 만들어지지 않도록 시민운동을 전개하라!

· 경상북도 교육청과 자매결연을 맺고 있는 시마네현 교육위원회는 양심과 용기 있는 결단으로 왜곡된 역사교과서를 채택하지 말 것을 촉구한다!

· 우리는 우리 자녀에게 왜곡된 일본 역사교과서의 문제점을 비롯한 올바른 역사인식을 위한 역사교육을 강화한다!

53

날짜 : 2001년 7월 18일
제목 : 일본 역사교과서 왜곡에 대한 우리의 결의
주체 : 울산광역시 동구의회 의원 일동

왜곡 기술된 일본 역사교과서에 대한 우리 정부의 강력한 수정요구에도 불구하고 전면적인 거부의사를 표명한 일본정부의 태도는 최근에 맺은 한·일 정상 간의 합의문에 대한 정면 파기를 의미하며, 식언 잘하는 일본인의 속성을 여지없이 드러낸 것으로서 심히 유감스러운 일이 아닐 수 없다.

그간 양국은 공동의 역사인식을 통해 과거의 불행을 씻고 급변하는 21세기 동반자로서의 자리매김을 위하여 지속적인 노력을 기울여왔으며 괄목할 우호친선이 심화되고 있는 것도 사실이다.

이런 시점에서 시대 역행적인 역사왜곡 행위는 우리 국민을 당황하게 할 뿐만 아니라 이웃나라 국민들의 분노를 사고 있다.

역사교과서는 과거 역사를 있는 그대로 객관적이고 올바르게 서술하고 가르침으로써 미래를 짊어지고 나갈 젊은 세대들에게 올바른 역사관을 확립하고 미래에 나아갈 방향을 제시하는 중요한 학습교재임에도 역사적 사실을 왜곡하여 전쟁을 미화하고 자국민의 긍지 및 국방의 의무를 강조하고 있는 일본정부의 방침은 편협한 국수주의의 발로로밖에 볼 수 없다.

일본정부는 과거 침략전쟁이나 식민지배 같은 잘못을 분명하게 인정하고 그것을 일본의 젊은 세대에게 가감없이 가르침으로써 올바른 역사인식을 통해 오류와 비극을 되풀이하지 않도록 해야 할 것임에도 역사를 왜곡하여 자찬에 빠진다면 반드시 국제사회에서 고립되어 단기적으로는 외교 손실이요, 멀리 보면 과거 제국주의 과오의 되풀이로 불행을 자초하게 됨을 하루속히 깨달아야 할 것이다.

이에 우리 울산광역시 동구의회 의원들은 19만 구민들과 함께 왜곡 기술된 35곳의 일본 역사교과서에 대한 즉각적인 시정과 과거의 잘못을 진심으로 반성하고 사과할 것을 일본정부에 강력히 촉구하며, "파트너십 공동선언"을 정면 파기하고 있는 현 일본정부의 태도 변화 없이는 양국 간의 어떠한 우호적인 협력은 물론 일본상품 및 문화개방을 적극 반대할 것을 결의한다.

54

날짜 : 2001년 7월 19일
제목 : 일본 역사교과서 왜곡에 대한 수정 촉구 결의서
주체 : 경상남도 마산시의회

일본이 역사교과서를 왜곡되게 발간하여 교육 현장에서 자국의 청소년들에게 교육받게 하려는 의도에 대하여 우리 정부가 교과서 내용을 수정 및 재수정토록 요구하였음에도, 지난 7월 9일 발표된 일본정부의 공식입장은 우리 국민들을 크게 실망시키는 내용이라는 데 우리 마산시의회 의원 일동은 인식을 같이 하게 된다.

과거 36년 동안 우리나라를 식민통치하면서 말로 표현할 수 없는 악랄한 만행을 저질렀던 그들이 오늘에 이르기까지 참회는커녕 오히려 엄연한 역사마저 왜곡시켜 자신들의 만행을 정당화하고 후세들에게 그릇된 역사관을 심겠다는 얄팍한 의도는 우리 국민들로 하여금 심한 분노를 일으키게 하고 있다.

일본은 전후 독일이 전쟁에 대한 참회와 올바른 역사인식으로 근린(近隣)국가와의 선린관계를 도모해왔기 때문에 오늘날 세계 속의 국가로 당당히 자리잡을 수 있게 되었던 그 참된 교훈을 외면함으로써 21세기를 주도할 동북아 선린관계를 일본이 스스로 훼손시킴과 동시, 국제사회 속에서 고립의 길로 들어섰음이 명백하다 할 것이다.

손바닥으로 하늘을 가릴 수 없듯이 엄연한 역사의 기록과 역사 그 자체를 피해갈 수는 없음을 일본국과 일본인들은 바로 깨달아야 할 것이며, 또한 세계 속의 선진국이라 자처하면서 유엔안보리 상임이사국을 꿈꾸고 있는 일본이 이러한 논쟁들로 인해 얻을 수 있는 것은 국제사회로부터 비난과 버림밖에 없다는 사실을 직시해야 할 것이다.

특히, 우리 마산은 삼일독립만세운동시 여덟 분이 순국하고 스물두 분이 부상과 옥고를 치른 삼일만세운동 4대 의거로 지칭되고 있는 4·3삼진의거의 본고장으로서 선열들의 숭고한 뜻이 우리 시민정신에 면면히 이어오고 있음을 자랑스럽게 생각하면서, 우리 마산시의회 의원 일동은 다음과 같은 결의를 통해 일본정부가 역사교과서의 왜곡된 부분을 즉각 수정할 것을 강력히 촉구하며, 우리 정부는 왜곡된 일본 역사교과서의 부당함을 국제사회에 널리 알리는 동시에 더욱더 당당하게 수정요구할 것을 강력히 촉구하는 바이다.

하나. 일본정부는 왜곡된 역사교과서를 즉각 수정하라.

하나. 일본정부는 21세기를 주도할 동북아 선린관계를 훼손하는 망동을 즉각 중지하라.

하나. 일본정부는 지난날 우리 국민에게 저질렀던 고통과 악랄한 만행을 인정하고 이를 진심으로 사죄하라.

하나. 우리 정부는 왜곡된 일본 역사교과서를 수정시키는 데 한치의 물러섬이 없이 당당히 대응하라.

55

날짜 : 2001년 7월 20일
제목 : 일본 역사교과서 왜곡시정촉구 결의문
주체 : 전라남도 보성군의회 의원 일동

최근 일본정부는 극우반동집단인 "새 역사교과서 만드는 모임"의 주장을 받아들여 후소샤 등 교과서 출판사들이 일본 중학교의 역사교과서에서, 태평양전쟁을 아시아 해방전쟁으로 기술하고, 식민지 개발론을 식민지 근대화·시혜론의 관점에서 조선 주민을 위한 것처럼 왜곡, 수탈과 지배의 목적을 은폐하는 등 철저히 개악된 교과서를 편찬하도록 하였다.

이는 일제가 식민지 민중에게 범한 반인륜적 행위와 전쟁의 죄악상을 사실대로 밝히기는커녕 오히려 이를 미화하려는 반역사적이고 반인권적인 범죄이다. 특히 새로운 역사교과서에 삭제된 일본군 '위안부' 문제와 징용·징병제 문제는 우리 민족 나아가 아시아 민중에게 더할 수 없는 '치욕'이었고 '반인권'이었으며 '강제적'이었다.

그들이 믿고 싶어하는 일본군 '위안부'들의 '자발성'이라는 주장은 일제가 저지른 과거 침략행위에 대한 명백한 인권침해이며 명예훼손이다. 이는 명백히 자신들이 저지른 과거 제국주의 침략행위에 대한 반성을 거부하고 오히려 황국사관을 통해 군국주의 부활을 획책하려는 움직임의 하나인 것이다. 이러한 반역사적인 행위는 급속히 진행되고 있는 일본사회의 우경화 흐름에 일부 일본인들이 동조하고 있는 것도 사실이다.

　그러나 그러한 단견적인 역사왜곡이 결국 일본의 국익에 반하는 일이 될 것이며, 평화와 인권의 존중을 지향하는 21세기 국제사회에서 일본의 입지를 좁히는 일이 될 것이라는 것은 불을 보듯 분명한 일이다.

　우리는 아니 아시아 민중들은 분명히 기억하고 있다. 일본 제국주의 침략이 가져왔던 참담한 과거사를, 그렇다고 해서 우리는 언제나 과거 속에 살면서 일본을 원망하지는 않는다. 당연히 우리는 평화롭고 상호 대등한, 그리고 개개인의 인권이 존중되는 새로운 아시아 협력질서의 구축을 간절히 소망하고 있다. 단지 그러한 새로운 질서는 과거 침략사에 대한 일본의 진실된 반성과 후세에 대한 올바른 역사교육이 전제될 때만이 실현될 수 있다고 믿는다.

　우리 민족의 바람을 무참히 짓밟고, 나아가 침략행위를 미화시키려는 일본정부의 기도를 우리는 제2의 아시아 침략행위로 규정하지 않을 수 없다. 반동적인 일본정부의 역사왜곡 시도가 즉시 중단되지 않을 경우, 그들이 역사교과서에서 그토록 숨기고자 노력하는 아시아 민중들의 광범한 저항이 살아 있는 역사 속에서 재현될 것임을 엄중히 경고하면서, 우리 보성군의회는 일본의 순수하게 자라나는 어린이들이 거짓된 역사에 병들지 않고 장차 주변국들과 평화롭고 대등한 인권이 존중되는 지구촌 건설에 상호 협력할 수 있도록 일본의 중학교에서 왜곡된 역사교과서가 교재로 채택되지 않도록 모든 노력을 다할 것을 다짐하면서 다음과 같이 결의한다.

　1. 일본 교과서 역사왜곡 검정 통과는 총성 없는 침략행위로 이를 강력히 규탄한다!
　1. 일본정부는 검정승인된 교과서를 철회·재수정할 것을 강력 촉구한다!
　1. 일본정부는 침략사실을 겸허히 반성하고 사실에 입각한 역사교육을 실시하라!
　1. 일본정부는 황국사관을 통한 군국주의의 부활, 망상을 즉각 중단하라!

56

날짜 : 2001년 7월 20일
제목 : 일본 역사교과서 왜곡시정촉구 결의문
주체 : 전라남도 영광군의회 의원 일동

일본정부는 지난 7월 3일 한국과 중국 등 아시아 주변국의 반발을 받아온 우익단체 "새 역사교과서를 만드는 모임"측의 왜곡된 역사교과서를 포함한 8종의 2002학년도 중학교 교과서를 모두 검정에 합격시켰다. 뿐만 아니라 일본은 최근 우리 정부가 교과서의 왜곡된 부분과 관련하여 35개 항목에 걸쳐 재수정을 요구한 사항에 대하여 대부분 묵살하였다.

한 나라의 역사교과서는 보편적으로 통용되는 역사인식이나 객관적인 사실에 입각해 서술하는 것이 원칙이다. 거짓에 바탕을 둔 왜곡된 역사교과서는 국민을 우민화하는 것으로 금번 일본정부의 검정을 마친 "새 역사교과서를 만드는 모임"이 주축이 되어 저술한 새 역사교과서는 일본의 아시아 침략을 진출로 표현하고 있다. 한국병합에 대하여 "동아시아를 안정시키기 위해 필요했던 조치로서 구미 열강의 지지 속에 당시의 국제 관계법상 합법적인 방법으로 이루어졌다"로 왜곡하고 있다. 종군위안부 등 식민지 지배와 관련된 내용들을 대폭 삭제하거나 은폐·왜곡하고 있으며 패전 전의 황국사관과 거의 유사하거나 그것보다 더욱 악의적인 내용으로 도배되어 있다. 이것은 1982년 "일본 역사교과서 파동" 이전으로 회귀한 것으로 군국주의의 부활을 꾀한 것으로 받아들여진다.

일본의 역사교과서 왜곡은 1998년 김대중 대통령의 일본 방문 때 체결한 "21세기 한·일 파트너십 공동선언"과 "과거사에 대한 통절한 반성과 사죄"를 표명한 일본정부의 담화와 정면으로 배치된 것이다. 이것은 국가 차원의 약속을 무시한 처사로서, 일본이 한국사를 폄하하고 침략전쟁과 식민지 지배에 대한 책임을 피한다면 한·일 양국 관계의 미래를 거론할 수 없다는 점을 분명히 하며 절대 좌시할 수 없음을 밝히는 바이다.

독일의 역사교과서는 과거사 시인을 통해 철저한 자기 반성과 사죄를 하면서, 더 나아가 모든 평범한 독일인의 책임까지 물음으로써 주변 여러 나라로부터 신뢰를 받고 있다. 이에 비해 일본정부의 역사왜곡은 주변국의 반발을 심화시키고 있다. 따라서 바람직한 한·일 관계의 정립을 위해서 일본정부는 왜곡된 부분을 반드시 재수정해야 할 것이다.

우리 영광군의회는 역사왜곡 문제를 바로잡기 위해 모든 군민, 사회단체 및 지방자치단체와 연대하여 현재의 상황에 적극 대처할 것이다. 이는 한·일 관계 역사 바로세우기 책무의 일환임을 밝히면서 우리 영광군의회의 입장을 다음과 같이 천명한다.

1. 일본정부는 왜곡된 고대, 중세, 근·현대사에 대하여 근본적으로 재수정할 것을 강력히 요구한다.

1. 일본정부는 잘못된 과거사 시인을 통하여 철저한 자기 반성으로 주변국의 신뢰를 쌓기를 바란다.

1. 일본정부는 왜곡 굴절된 역사를 재차 확대 해석하여 미래에 대한 과오를 범하지 않기를 촉구한다.

1. 만약 왜곡된 부분의 재수정이 이루어지지 않을 경우 영광군의회는 전국 지방의회와 연대하여 모든 일본상품에 대한 불매운동을 전개하고, 패권주의와 국수주의를 지향하는 일본이 유엔 안전보장이사회 상임이사국에 진출하는 것을 결코 용납하지 않을 것이다.

57

날짜 : 2001년 7월 20일
제목 : 일본 역사교과서 왜곡 규탄 성명서
주체 : 전라북도 완주군의회 의원 일동

한일합방과 대륙침략을 정당화하며 과거 잘못된 역사를 왜곡 축소한 새로운 일본중학교 역사교과서가 전국민의 분노를 사고 있는데도 불구하고 일본이 우리 정부의 재수정 요구를 묵살한 것은 역사를 거꾸로 돌리려는 제2의 침략 만행으로 절대 용납할 수 없는 일이다.

특히 우리 정부가 재수정을 요구한 35개 항목 가운데 단 두 곳만을 수용한 채 나머지에 대해서는 '학설 상황에 비추어 명백한 오류라고 보기 힘들다'며 '제도상 정정을 요구할 수 없다'는 납득할 수 없는 이유를 들어 '수용불가' 입장을 취하는 것은 일본의 뻔뻔함을 온 세계에 극명하게 드러내고 있는 일이다.

일본은 국민들에게 역사의 올바른 진실을 가르쳐야 할 의무가 있는데도 이를 무시한 채 일본 우익세력인 '새 역사교과서를 만드는 모임'에 내정 간섭과 역사관의 차이를 운운하며 재수정 권고를 하지 않은 것은 일본정부가 침략 전쟁과 식민지 지배에 대한 책임을 회피하고 역사를 왜곡하려는 파렴치한 의도로밖에 볼 수 없다.

한국과 일본은 역사적으로 깊은 관계를 맺고 있으며, 앞으로도 보다 긴밀한 협력 체제가 필요한 이웃 국가이다. 따라서 역사에 대한 올바른 인식과 제대로 된 교육은 양국 간의 선린우호관계를 유지하려는 기본이라 할 수 있다.

하지만 천인공노할 일본의 역사교과서 왜곡으로 인하여 한·일 양국 간의 신뢰관계는 깨졌으며, 미래지향적인 발전을 도모해야 할 양국 관계가 일본이 화해와 평화보다는 반역사적 국수주의를 택함으로서 현재와 과거의 대화에 귀를 막는 일본의 역사 소아병에 지나지 않는다.

일본은 자라나는 청소년들에게 올바른 역사관과 교육관을 심어주고 세계 평화에 이바지하기 위해서는 왜곡된 교과서를 바로잡고, 2002년 월드컵을 공동 개최하는 한·일 양국 간의 신뢰관계 회복에 적극 나서야 한다.

김대중 대통령이 일본의 역사교과서 왜곡 파문과 관련, '결코 용납할 수 없다'는 강력한 의지 피력과 '일본이 과거사에 대한 확실한 인식을 갖고 되풀이하지 않는다는 믿음이 있을 때, 용서가 가능하며 친구가 될 수 있다'고 밝힌 내용을 일본의 고이즈미 총리는 가슴속 깊이 새기고, 명백하게 왜곡된 교과서 내용 35개항에 대해 이를 적극적으로 수용하고 수정하기를 바란다.

우리 완주군의회 의원 일동은 향후 일어나는 어떠한 사태도 전적으로 일본정부에 그 책임이 있음을 명확히 밝히면서 일본의 반역사적 교과서 왜곡 파문을 강력히 규탄하고, 범국민 서명운동과 일본제품 불매운동 등을 통해 단호히 대응할 것을 천명하며, 다음과 같이 결의한다.

첫째, 일본정부가 일본 중학교 역사교과서에 왜곡 기술된 내용을 우리 정부가 수정 요구한 것과 관련하여 우리 국민의 관심과 분노를 전면 거부한 처사에 대해서 완주군의회는 깊은 실망과 유감을 표시한다.

둘째, 일본은 우리 국민이 아직도 생생히 기억하고 있는 36년 침략사와 왜곡된 새 역사교과서 파문에 대해 속죄하는 마음으로 올바른 역사관을 세우고 우리 국민에게 고개 숙여 사죄하라.

셋째, 굴절된 역사를 바로잡고 상호 신뢰를 회복하는 데 양심 있는 일본 정치권, 교육계, 사회단체가 적극 나서서 역할을 다하여 수정을 촉구하고, 아시아 각국과 유엔 등 국제사회는 일본의 반역사적·만행적 행위를 직시하며 시정을 촉구하는 데 적극 동참해줄 것을 호소한다.

넷째, 우리 완주군의회는 일본국에 대한 우리 정부의 입장을 전폭 지지하면서 우리 정부가 요구한 35개 항목을 전면 수용할 것을 다시 한번 촉구한다.

58

날짜 : 2001년 7월 21일
제목 : 일본 역사교과서 왜곡시정촉구 결의문
주체 : 대구광역시 교육위원회

일본의 중학교에서 2002학년도부터 사용하게 될 역사교과서가 아시아를 비롯한 세계 각국의 비난에도 불구하고 지난 4월 일본정부의 검정을 통과하였다.

금번 검정을 통과한 일본 역사교과서는 한국, 중국을 비롯한 이웃나라와 관련된 역사적 사실을 삭제 또는 미화하는 등 역사를 왜곡하여 자라나는 학생들에게 역사의 진실을 오도케 하는 내용을 포함하고 있어 우리 교육위원 일동은 경악을 금할 수 없다.

일본의 역사교과서 왜곡은 일제의 침략을 경험했던 한국을 비롯한 이웃 여러 나라를 무시하고 모독하는 행위로 과거 전범국가로서의 반성은커녕 역사를 날조·왜곡함으로써 전쟁 피해 민족의 쓰라린 상처를 다시 짓밟는 처사이다.

구시대의 황국사관에 입각한 역사교과서를 계속 방치하는 것은 군국주의로의 회귀를 의미하며 한반도는 물론 동북아시아 나아가 세계평화를 크게 위협하는 행위이며, 침략전쟁을 미화하고 인종대립을 선동하는 역사교과서를 일본 교육당국이 채택·사용케 하는 것은 평화를 파괴하는 반인류적 범죄행위로밖에 볼 수 없다.

일본정부는 즉각 한국 및 주변국에 대하여 사과하고 수정 요구를 받아들이는 겸허한 자세를 보여야 할 것이며, 다시는 이러한 일이 재발되지 않도록 확실한 보장을 하여야 할 것이다.

이에 우리 교육위원 일동은 왜곡된 역사교과서가 수정될 때까지 우리의 의지를 끝까지 관철시켜나갈 것임을 천명하며 다음과 같이 결의한다.

하나. 일본정부는 과거 군국주의로의 회귀를 노리는 왜곡된 역사교과서의 검정 통과를 즉각 철회하고 왜곡된 내용을 수정하라.

하나. 일본정부는 진실된 역사교육을 통하여 자라나는 2세들에게 과거 역사의 과오를 인정하고, 올바른 역사관을 정립할 수 있도록 조치하라.

하나. 우리는 일본 역사교과서 검정 통과 철회와 왜곡된 내용 수정을 위하여 다각적인 대책 강구를 우리 정부 당국에 강력히 촉구한다.

59

날짜 : 2001년 7월 21일
제목 : 일본 역사교과서 왜곡시정촉구 결의문
주체 : 부산광역시 서구의회 의원 일동

부산광역시 서구 16만 구민과 서구의회 의원은 일본정부가 역사교과서 검정 과정에서 통과시킨 자국 중심적 제국주의 사관에 입각하여 과거사를 잘못 합리화하고, 미화하는 내용을 포함시킨 사실에 대하여 깊은 우려와 함께 일본 청소년들이 올바른 역사관을 갖고 동북아시아의 일원으로서 인접국과 공존·공영할 수 있도록 왜곡된 역사를 바르게 수정할 것을 강력히 촉구하며 다음과 같이 결의한다.

1. 일본정부는 과거 우리 민족에게 고통과 피해를 주었음에도 이에 대한 일말의 반성과 사과도 없이 과거사를 축소·왜곡시킨 것은 우리에게 또 다시 고통과 피해를 주는 것이므로 전구민과 함께 이를 규탄한다.

1. 일본정부는 2002년부터 사용할 중학교용 공인 역사교과서에 왜곡된 내용과 축소 은폐한 역사적 사실을 바로잡아 국제사회와 인류 평화에 기여할 것을 촉구한다.

1. 정부는 일본의 과거사 축소·왜곡이 제국주의 부활의 전초가 될 수 있다는

사실을 직시하고 역사왜곡이 시정되지 않을 시 국교단절도 불사할 각오로 단호히 대처할 것을 촉구한다.

60

날짜 : 2001년 7월 21일
제목 : 일본 역사교과서 왜곡시정촉구 결의문
주체 : 전라남도 여수시의회 의원 일동

최근 일본정부는 극우반동집단인 '새 역사교과서 만드는 모임'의 주장을 받아들여 일본중학교의 역사교과서에 태평양전쟁을 아시아 해방전쟁으로 기술하고, 식민지 개발론을 식민지 근대화·시혜론의 관점에서 조선주민을 위한 것처럼 왜곡하고 수탈과 지배의 목적을 은폐하는 등 철저히 왜곡된 교과서를 편찬하도록 하였다.

이는 일제가 식민지 민중에게 범한 반인륜적 행위와 전쟁의 죄악상을 사실대로 밝히기는커녕 오히려 이를 미화하려는 반역사적이고 반인권적인 범죄이다. 특히 새로운 역사교과서에 삭제된 일본군 '위안부' 문제와 징용·징병제 문제는 우리 민족 나아가 아시아 민중에게 더할 수 없는 '치욕'이었고 '반인권'이었으며 '강제적'이었다.

그들이 믿고 싶어하는 일본군 '위안부'들의 '자발성'이라는 주장은 일제가 저지른 과거 침략행위에 대한 명백한 인권침해이며 명예훼손이다. 이는 자신들이 저지른 과거 제국주의 침략행위에 대한 반성을 거부하고 오히려 황국사관을 통해 군국주의 부활을 획책하려는 움직임의 하나인 것이다. 이러한 반역사적인 행위는 급속히 진행되고 있는 일본사회의 우경화 흐름에 일부 일본인들이 동조하고 있는 것도 사실이다.

그러나 이러한 단견적인 역사의 왜곡이 결국 일본의 국익에 반하는 일이 될 것이며, 평화와 인권의 존중을 지향하는 21세기 국제사회에서 일본의 입지를 좁히는 일이 될 것이라는 것은 불을 보듯 분명한 일이다.

우리 민족의 바람을 무참히 짓밟고, 나아가 침략행위를 미화시키려는 일본정부의 기도를 우리는 제2의 아시아 침략행위로 규정하지 않을 수 없다. 반동적인 일본정부의 역사왜곡 시도가 즉시 중단되지 않을 경우, 그들이 역사교과서에서 그토록 숨기고자 노력하는 아시아 민중들의 광범한 저항이 살아있는 역사 속에서 재현될 것임을 엄중히 경고하면서, 우리 여수시의회는 순수하게 자라나는 일본의 젊은이들이 거짓된 역사에 병들지 않고 인권이 존중되는 지구촌 건설에 상호 협력할 수 있도록 일본의 중학교에서 왜곡된 역사교과서가 교재로 채택되지 않도록 모든 노력을 다할 것이며, 일본정부의 검정 통과 전면철회를 촉구하면서 다음과 같이 결의한다.

1. 일본 교과서 역사왜곡 검정 통과는 총성 없는 침략행위로 이를 강력히 규탄한다!
1. 일본정부는 검정승인된 교과서를 철회·재수정할 것을 강력 촉구한다!
1. 일본정부는 침략사실을 겸허히 반성하고 사실에 입각한 역사교육을 실시하라!
1. 일본정부는 황국사관을 통한 군국주의의 부활 망상을 즉각 중단하라!

61

날짜 : 2001년 7월 23일
제목 : 일본국의 역사교과서 왜곡시정촉구 결의안
주체 : 경기도 광명시의회

광명시의회는 일본국이 한국, 중국 등 인접국가의 우려와 수정요구에도 불구하고 잘못되고 왜곡된 내용으로 얼룩진 중학교 역사교과서를 검정에 통과시킨 것은 일본사회의 시대착오적인 국수주의 및 군국주의적인 시각을 미래 세대에게까지 강요하는 행위로 우호 협력을 추구해야 할 인접국의 국민으로서 경악을 금치 못한다.

이는 일본국이 그 동안 인접국의 요구로 마지못해 인정해온 과거사 사과와 반성이 거짓이었음을 스스로 인정하는 처사라 아니할 수 없고 과거 일본제국주의자들에 의한 무수한 인명 살상과 강제적인 징용, 종군위안부 등 주변국 국민에게 씻을 수 없는 피해를 입힌 사실을 부인하는 처사로 도저히 간과할 수 없는 일이다.

　이에 광명시의회는 과거 역사를 반성하지 않고 왜곡된 역사를 정당화하려는 금번 역사교과서 왜곡은 일본국 사회의 일부에 불과한 극우세력들의 그릇된 역사인식을 미래세대에게까지 강요하고 있다고 생각하며 이는 선린우호를 바라는 양국의 양심적인 국민들에게 심각한 도전행위로밖에 볼 수 없어 일본국 극우단체의 주도 아래 진행되고 있는 근세 일제 침략역사의 미화 등의 역사교과서 왜곡을 강력히 규탄하며 다음과 같이 결의한다.

　1. 일본국 정부는 2002년부터 상용될 중학교 역사교과서의 과거사 축소·왜곡에 대해 책임을 지고 검정·승인된 역사교과서에 대하여 철회 재수정할 것을 강력히 촉구한다.

　2. 대한민국 정부는 일본국이 과거에 대한 충분한 사죄와 반성은 도외시한 채, 일본국 학교에서 왜곡된 역사를 가르치는 행위가 발생되지 않도록 역사교과서 왜곡이 시정될 때까지 국제사회에서의 외교 역량 강화를 통하여 일본국의 부도덕성을 부각시키고 일본국 대중문화 개방중단뿐 아니라, 일본국과 우호적인 관계를 유지하고 있는 사회 전반적인 부분들에 대하여 전면적으로 재검토할 것을 요청한다.

　3. 일본국의 양식 있는 지식인 사회는 과거의 잘못을 합리화하고 역사적 사실을 왜곡하는 교과서로 자국 학생들이 수업받을 경우 굴절된 역사인식 주입으로 불행한 역사를 되풀이할 위험성을 가지고 있을 뿐 아니라 주변국과의 관계에도 중대한 영향을 미칠 우려가 있는 만큼 공정하고 올바른 역사서술로 일본의 미래세대가 올바른 역사관을 갖고 자랄 수 있도록 금번 역사교과서 왜곡 행위 중단을 요구하는 대한민국 정부의 노력에 적극 협력하여줄 것을 요청한다.

　4. 일본국의 역사교과서 왜곡기도는 한·일 양국의 선린우호관계와 21세기 미래사회를 향한 동반자적 협력관계를 크게 훼손시키고 나아가서는 일본국의 국제적인 고립을 자초하게 될 것이므로 일본국 정부의 자각을 촉구한다.

　5. 일본제국주의의 잔학한 만행을 실제로 경험하고 그들의 잔혹한 행위에 대한 실질적인 사과와 보상을 받지 못한 상태에서 한 많은 생을 이어가고 있는 세대가 엄연히 생존하고 있는 현실에서 침략행위를 미화시키려는 역사왜곡은 일본국이 군국주의를 부활시켜 제2의 아시아 침략을 기도하는 행위로밖에 규정하지 않을 수 없으므로 일본국의 반성을 촉구한다.

6. 일본국의 금번 역사교과서 왜곡은 대한민국의 민족적 자존심과 정체성이 걸린 문제로 이에 대한 시정이 이루어지지 않을 경우 우리 광명시의회는 시민·사회단체와 연대하여 지방자치단체 차원의 일본국과의 교류 중지, 일본제품 불매운동 등을 벌여나갈 것을 천명하며 아울러 양국 간의 선린우호와 평화적 공존을 바라는 일본국의 양심적인 지방자치단체와 지식인들이 앞장서서 왜곡된 역사교과서를 채택하지 말 것을 요청한다.

62

날짜 : 2001년 7월 23일
제목 : 결의문
주체 : 광주광역시 광산구민 대표

일본은 과거사에 대한 진실한 사죄를 통하여 후대에게 역사적 평가를 받아야 함에도 일본의 군국주의적 제국주의를 미화하고 역사를 왜곡한 새 역사교과서 채택 등 일련의 사건들은 우리 민족으로 하여금 과거 일제침략의 아픈 상처를 다시 되살아나게 하고 있다.

이에 우리는 일본이 자행한 왜곡된 역사교과서 채택 움직임에 대해 규탄하고 이번 사태에 대한 책임을 26만 광산구민 이름으로 물을 것임을 분명히 밝혀두고자 다음과 같이 결의한다.

· 일본정부는 과거의 만행을 반성하고 역사 왜곡을 즉각 중단하라.
· 왜곡된 역사교과서 수정을 거부한 일본정부는 반성하라.
· 검정승인된 교과서를 철회·재수정할 것을 강력히 요구한다.
· 우리 정부가 요구한 35개 수정 요구안을 즉각 수정하라.
· 일본의 각급 학교는 왜곡된 역사교과서 채택을 즉각 중단하라.
· 일본의 왜곡된 역사교과서가 수정될 때까지 일본 상품의 불매운동에 앞장설 것을 결의한다.

63

날짜 : 2001년 7월 24일
제목 : 일본국의 교과서 역사왜곡 시정촉구 결의문
주체 : 서울특별시 강서구의회 의원 일동

강서구의회는 최근 일본 사회의 국수주의적 경향에 대해 깊은 우려를 표명하며, 일본국 정부와 일본국 국민은 과거사에 대한 진솔한 참회와 이에 바탕을 둔 피해국과의 진정한 화해 없이는 일본국이 영원히 전범국으로 남을 수밖에 없다는 사실을 직시하고, 1998년의 '21세기 미래지향적 한·일 파트너십 공동선언'에 부합하는 성의 있는 태도로 교과서 역사왜곡에 대한 피해국들의 교과서 역사왜곡 시정촉구를 겸허히 받아들여 이를 즉시 시정할 것을 강력히 촉구한다.

정부는 교과서 역사왜곡 시정에 대한 우리의 요구가 수용되지 않을 경우, 일본문화 개방의 중단, 일본 천황 호칭 변경, 한·일 고위급 인사교류의 중단과 자신의 침략사실을 은폐·왜곡하고 역사적 책임을 외면하는 일본국의 유엔 안전보장이사회 상임이사국 진출을 적극 저지함은 물론, 1998년 '21세기 미래지향적 한·일 파트너십 공동선언'의 파기 여부 등 한·일 관계 전반에 대하여 전면 재검토할 것을 촉구한다.

정부는 UN 등 국제기구를 통하여 국제적 대일 비판여론을 확산시키고, 과거 일제의 침략으로 피해와 고통을 받은 국가 및 국제적 양심세력 등과 연대하여 일본국의 교과서 역사왜곡 시정을 위하여 공동으로 대응할 것과, 우리의 국사교육 및 국사 연구활동을 강화하는 등 일본국의 역사왜곡에 대한 중·장기적인 대응방안을 조속히 마련할 것을 촉구한다.

64

날짜 : 2001년 7월 24일
제목 : 일본 역사교과서 왜곡시정촉구 결의문
주체 : 전라남도 고흥군의회 의원 일동

교과서는 그 나라의 기준이며 가치관의 척도라고 말할 수 있다. 그렇기에 더욱 정확한 사실에 근거하여 기술되어야 함에도 일본이 이를 왜곡하는 것은 반도 덕적이며 우리나라를 비롯한 주변국의 평화를 위협하는 도발 행위이다.

그럼에도 일본은 우리 정부가 재수정을 요구한 일본 중학교 역사교과서 35개 항에 대하여 지난 7월 9일 고대사 부분 2곳만 수정할 필요가 있고 나머지 부분 은 수정할 필요가 없다고 공식 통보함으로써, 우리의 재수정 요구를 사실상 거 부함에 따라 국민 모두가 일본정부의 처사에 심히 분노하고 경악을 금치 못하고 있다.

한·일 양국이 과거의 불행한 역사를 극복하고 미래지향적인 관계를 정립하 기 위해 다각적인 노력이 더욱 필요한 현실에서 일본의 왜곡된 역사교과서 재수 정 거부는 양국의 우호협력과 동반자 관계를 기대하는 우리 국민의 가슴에 큰 상처를 주었으며, 더욱이 왜곡된 역사교과서를 이치에 맞지 않는 논리로 미화하 고 정당화하려는 일본정부의 태도에 심히 개탄하지 않을 수 없다.

따라서 우리 고흥군의회 의원 일동은 일본의 잘못된 역사인식과 도덕적 오만 함을 규탄하며 다음과 같이 결의한다.

첫째, 일본정부는 1998년 양국 간에 체결한 '한·일 파트너십 공동선언' 정신 을 지켜 동반자적 선린우호관계를 저해하는 역사교과서 왜곡을 즉각 중단하고 시정하라.

둘째, 정부는 일본의 왜곡된 역사교과서가 시정될 때까지 일본의 유엔안보리 상임이사국 진출 저지, 역사왜곡을 지원하는 일본기업제품 불매운동 등 가능한 모든 수단을 총동원 강력하게 대응하라.

셋째, 정부는 일본이 올바른 역사인식을 갖고 왜곡된 역사교과서를 시정할 수 있도록, 중국 등 관련 주변국과의 연대를 강화하고 세계무대에서의 역사왜곡에 대한 부당성을 알리는 데 외교 역량을 집중하라.

넷째, 정부는 자라나는 2세들이 바른 역사교육을 통하여 민족정신을 함양할 수 있도록 역사교과서의 교육내용을 재검토하고 역사교육을 강화하라.

위와 같이 고흥군의회는 일본의 중학교 역사교과서 왜곡행위에 대하여 고흥 군민과 함께 정부의 강력한 대응과 일본정부의 시정을 촉구 결의한다.

65

날짜 : 2001년 7월 24일
제목 : 결의문 「일본 역사교과서 왜곡시정을 강력히 촉구하며」
주체 : 전라남도 곡성군의회 의원 일동

일본정부는 지난 7월 3일 역사교과서 왜곡과 관련해 한국과 중국 등 아시아 주변국의 반발을 받아온 우익단체 '새 역사교과서를 만드는 모임' 측의 역사교과서를 포함한 8종의 2002학년도 중학교 교과서를 모두 검정에 통과시켰을 뿐만 아니라 최근 우리 정부가 왜곡된 역사 내용과 관련하여 35개 항목에 걸쳐 재수정을 요구하였으나 일본정부는 우리의 요구사항 대부분을 묵살하였다.

한 나라의 역사교과서는 보편적으로 통용되는 역사인식이나 객관적인 사상에 입각해 서술하는 것이 원칙이다. 거짓에 바탕한 왜곡된 역사교과서는 국민을 우민화하는 것으로 금번 일본정부의 검정을 마친 역사교과서는 일본의 아시아 침략을 진출로 표현하고 있으며 한국 병합에 대해 '동아시아를 안정시키기 위해 필요했던 조치로서 구미 열강의 지지 속에 당시의 국제관계법상 합법적인 방법으로 이뤄졌다'고 왜곡하고 있다. 또한 종군위안부 등 식민지 지배와 관련된 내용들을 대폭 삭제하거나 은폐, 왜곡하고 있으며 패전 전의 황국사관과 거의 유사하거나 그것보다 더욱 지독한 내용으로 점철되어 있다. 이것은 1982년 '일본 역사교과서 파동' 이전으로 회귀한 것으로 군국주의의 부활을 꾀하고 있는 것으로 받아들인다.

일본의 역사교과서 왜곡은 1988년 김대중 대통령의 일본 방문 당시 체결한 '21세기 한·일 파트너십 공동선언'과 '과거사에 대한 통절한 반성과 사죄'를 표명한 일본정부의 담화와 배치된 것이다. 이것은 국가와 국가 간의 약속을 무시한 처사로서 일본이 한국역사를 깎아내리고 침략전쟁과 식민지 지배에 대한 책임을 회피한다면 한·일 양국 관계의 미래를 거론할 수 없다는 점을 분명히 한 것으로 좌시할 수 없음을 밝힌다.

독일의 역사교과서는 과거사 시인을 통해 철저한 자기 반성과 사죄를 하면서 더 나아가 모든 평범한 독일인의 책임까지 물음으로써 주변 여러 나라로부터 신뢰를 받고 있다. 이에 비해 일본정부의 역사왜곡은 주변국의 반발을 심화시키고 있다. 따라서 바람직한 한·일 관계의 정립을 위해서 일본정부는 왜곡된 부분은 반드시 재수정해야 할 것이다.

곡성군의회는 역사왜곡 문제를 바로잡기 위해 모든 군민, 사회단체 및 지방자치단체와 연대하여 현재의 상황에 적극 대처할 것이다.

이는 역사를 바로세우기 위한 책무의 일환임을 밝혀두면서, 우리 곡성군의회의 입장을 다음과 같이 천명한다.

· 일본정부의 왜곡된 고대, 중세, 근·현대사에 대한 근본적인 재수정을 강력히 요구한다.

· 일본정부는 잘못된 과거 시인을 통해 철저한 자기 반성으로 주변국과의 신뢰를 쌓기 바란다.

· 왜곡·굴절된 역사를 재차 확대 재생산하여 미래에 대한 과오를 범하지 않기를 촉구한다.

· 만일 왜곡된 부분의 재수정 요구가 관철이 안 될 경우 전국 지방자치단체와 연대하여 양국 자치단체 간 자매결연 교류 거부 및 모든 일본 상품에 대한 불매운동을 전개한다.

· 패권주의와 국수주의를 지향하는 일본이 유엔안전보장 상임이사회에 진출하는 것이 타당하지 않음을 국제사회에 널리 알린다.

66

날짜 : 2001년 7월 25일
제목 : 결의문 「일본정부의 역사교과서 왜곡을 규탄한다」
주체 : 인천광역시 교육위원회

지난 3월, 일본정부가 과거 역사에 대한 진정한 반성을 도외시한 채 역사적 사실은 밝히지 않고 왜곡된 교과서 채택을 추진하고 있는 데 대하여 전국 교육위원 일동은 일본정부에 역사교과서 왜곡철회를 강력하게 요구한 바 있었으며, 또한 얼마전 우리 정부도 35개 항목에 대하여 재수정 요구를 하였음에도 일본정부가 '역사관의 차이'라는 교묘하고도 무책임한 태도로 우리의 요구를 전면 거부한 것은 일본정부의 신쇄국주의 및 독선적인 태도로서 군국주의 일본의 망령을 되살리려는 또다른 침략행위임을 엄중히 경고하면서, 우리 교육위원 모두는 경악과 분노를 금하지 않을 수 없다.

일본과 같이 제2차 세계대전의 공동 가해자인 독일은 철저한 과거사 반성과 극복을 통하여 편협하지 않은 민주시민을 키우려고 노력하고 있으며, 유네스코 헌장 등에서도 과거 적대적인 관계에 있었던 국가·민족 간의 상호이해와 평화공존을 촉진하는 역사교육을 권고하고 있다.

그럼에도 일본정부가 잘못된 역사에 대한 반성을 도외시한 채 그릇된 가치관과 왜곡된 내용을 담고 있는 역사교과서의 채택을 계속 방치·유도하여 주변 국가와의 갈등과 반목을 조성할 경우에는 일본 스스로 국제사회에서 고립을 면치 못하는 불행한 결과를 초래하게 될 것이라는 사실을 깊이 인식해야 한다.

우리는 일본정부가 지난날의 역사를 철저히 반성하고 역사적 진실을 구현하려는 겸허한 자세와 1998년 '21세기 새로운 한일 파트너십 공동선언'의 선린우호 협력정신에 부합하는 성의 있는 태도로 왜곡된 역사교과서를 즉시 시정할 것을 강력히 촉구한다.

67

날짜 : 2001년 7월 25일
제목 : 일본중학교 왜곡역사교과서 채택 반대 결의안에 대한 우리의 결의서
주체 : 전라남도 목포시의회 의원 일동

최근 일본정부는 "새 역사교과서를 만드는 모임"의 주장을 받아들여 후소샤 출판사 등이 태평양전쟁을 아시아 해방전쟁으로 미화하고, 식민지 지배를 식민지 근대화·시혜론의 관점에서 조선민족을 위한 것처럼 왜곡하고, 수탈과 지배를 은폐한 철저히 개안된 교과서를 검정·통과시켰다. 뿐만 아니라 이에 항의하며 왜곡 역사교과서의 수정·재수정을 요구하는 우리 정부의 정당한 요구를 면전에서 거절하였다.

특히 "새 역사교과서를 만드는 모임"의 교과서는 아예 일본군이 저지른 '위안부' 범죄와 '징용·징병' 문제를 삭제하였다. 그것도 모자라 왜곡교과서 일본 내 중학교의 12% 보급을 획책하고 있다.

이는 미래를 지향하는 한·일관계에 찬물을 끼얹는 행위이며, 일본의 자라나

는 새 세대를 병들게 하는 반역사적, 반인류적 범죄이다. 그러나 결국 일본의 이러한 역사왜곡은 평화와 인권을 지향하는 21세기 국제사회에서 조소거리가 되고, 고립을 초래할 것임은 자명한 일이다.

우리는 일본제국주의 침략이 가져온 참담하고도 불행한 과거사를 명백히 기억하고 있다. 그렇다고 해서 우리는 과거에 묻혀 일본을 원망하지 않는다. 오히려 상호존중과 평화로운 한·일 협력질서의 구축을 소망한다. 그러나 그러한 질서는 과거 침략사에 대한 일본의 진실된 반성과 우세에 대한 올바른 역사교육이 전제될 때 가능하다고 믿는다.

이에 대한민국 전라남도 목포시의회는 일본정부가 왜곡된 역사교과서를 재수정하기를 강력히 촉구하며, 아울러 대한민국 목포시와 자매결연을 맺은 벳푸시를 비롯한 각급 중학교에서 왜곡 역사교과서가 교재로 채택되지 않도록 모든 노력을 다할 것을 다짐하면서 다음과 같이 결의한다.

1. 일본정부는 검정 승인된 교과서를 철회·재수정할 것을 강력히 촉구한다.
1. 일본정부는 침략사실을 겸허히 반성하고 사실에 입각한 역사교육을 실시하라!
1. 목포시와 자매결연 도시인 벳푸시와 벳푸시의회, 벳푸시 교육위원회에서는 관내 중학교에서 결코 왜곡된 역사교과서가 채택되지 않도록 적극 협조하여줄 것을 강력히 요구한다.

68

날짜 : 2001년 7월 25일
제목 : 일본 역사교과서 왜곡시정 촉구 성명서
주체 : 제주도 서귀포시의회 의원 일동

우리는 일본의 중학교 역사교과서가 왜곡 기술된 것은 물론 이에 대한 우리 정부의 재수정 요구를 일본정부가 묵살한 데 대해 강력히 규탄한다.

과거 일본이 저질렀던 침략과 수탈 행위, 국권 강탈, 그리고 우리 민족에게 입힌 물질적 정신적 피해는 역사의 증인들이 증언하는 명백한 사실이며, 아직도

우리에게 상처와 분노로 남아 있다

그럼에도 불구하고 반성은커녕 적반하장 격으로 태평양전쟁 등 자신의 잘못을 미화하고, 제주도민을 자기 멋대로 왜구로 규정짓는 등 역사의 진실을 축소·왜곡함은 물론, 자라나는 후세들에게 그릇된 역사를 가르치려는 극우 세력의 위험한 움직임을 옹호하고 있는 일본정부의 태도에 대해 우리는 참으로 크나큰 분노와 우려를 금할 수가 없다.

우리 어린이들도 알고 있는 과거사를 손바닥으로 하늘을 가리듯 가리려고 한다고 해서 가려질 일도 아니요, 역사왜곡으로 인해서 오히려 자신의 역사가 부끄러운 것임을 반증하고 국제사회에서 고립을 자초하게 되리라는 것을 일본정부는 왜 모르는가?

이제 일본은 명백한 역사의 진실을 있는 그대로 바라보고 인정하며, 과거의 잘못을 진심으로 반성하고, 자라나는 세대들에게도 올바른 역사관을 심어주는 것만이 일본의 잘못으로 고통받은 모든 이들의 아픔을 치유하고, 진정한 화해와 새로운 역사 발전을 이룰 수 있는 길임을 명심해야 할 것이다.

이에 우리는 일본정부가 양심의 소리에 귀기울여 다시는 부끄러운 역사를 되풀이하지 않도록 역사교과서 왜곡을 진지한 자세로 사과하고 바로잡을 것을 강력하게 촉구하는 바이다.

아울러 우리 정부도 차후에 이러한 사태가 다시 일어나지 않도록 국제사회와 연계하여 보다 강력하게 대응함은 물론 우리 후세들에게도 철저한 역사인식과 올바른 역사관을 정립시키는 데 더욱 노력해줄 것을 바란다.

우리는 일본정부가 우리의 요구를 받아들일 때까지 일본과의 교류중단은 물론 일본상품불매운동 등 강력한 대응도 불사하여 시민과 함께 적극 대처해나갈 것임을 분명하게 밝힌다.

69

날짜 : 2001년 7월 28일
제목 : 일본국의 역사교과서 왜곡시정촉구 결의문
주체 : 서울특별시 도봉구의회 의원 일동

일본인 사회의 역사미화 본능을 여지없이 드러냈던 1980년대 초 "교과서 파동" 이후 약 20년 만에 군국주의의 망상에서 벗어나지 못하고 있는 일본 역사교과서 왜곡의 광풍이 또다시 불어닥치면서 2002 한·일 월드컵 공동개최로 모처럼 조성되는가 싶던 양국 간의 우호적 관계에 심각한 위기를 초래하고 있다.

대한민국 정부에서는 지난 5월 8일 2002년도 일본 중학교 역사교과서 내용 중 이른바 임나일본부(任那日本府)설의 기정사실화, 임진왜란, 한국 강제병합 미화 등 총 35개 항목에 대한 재수정을 일본정부에 공식 요구했으나 일본정부는 최근 우리 정부가 재수정 요구한 35개 항복 가운데 한국과 일본의 고대사 관련 단 두 곳만 받아들이고 제2차 세계대전에 이르기까지의 경위 등 근·현대사에 대한 논란은 역사관의 차이에 의한 것이므로 수정할 필요가 없을 뿐만 아니라 교과서 문제는 정부 간의 외교문제가 아니라고 하면서 우리 정부의 재수정 요구를 묵살하였으며, 특히 왜곡시비를 불러일으켰던 초강경 우익인사들로 구성된 "새로운 역사교과서를 만드는 모임"에 재수정을 권고하지 않기로 하였음을 밝혀 우리들로 하여금 가슴속 깊이 치밀어오르는 분노를 억제할 수 없게 하고 있다.

오늘날의 국제사회에서 역사의 기술은 독일이나 영국의 사례에서 볼 수 있듯이 국가 간의 오해와 불신, 다른 국민에 대한 증오나 경멸의 여지를 철저히 배제하면서 과거에 대한 솔직한 참회와 반성을 토대로 역사적 사실을 왜곡됨이 없이 진실만을 기록하여야 역사로서의 가치를 지닐 수 있음에도 불구하고 국수주의적 역사관에 기초한 일본인의 왜곡되고 편향적인 역사기술이 어찌할 수 없는 섬나라 일본인의 역사적 콤플렉스에 기인하는 것이라고 치부할 수도 있지만 그것이 자라나는 후대의 역사교과서에 기술되고 그러한 왜곡되고 편향적인 역사를 배운 후대의 일본인들이 또다시 선대의 일본인들이 저질렀던 역사적 과오를 답습할 우려가 있다는 데 금번 역사교과서 왜곡의 근본 문제가 있다고 할 수 있다.

즉, 일본의 한국침략·지배를 합리화하는 논리인 '한반도 위협설', 임진왜란 부분을 기술하면서 제목을 '조선출병'으로 달아 일방적 침략사실을 숨긴 것, 고대부터 현대까지 일본사의 우월성을 증명하는 비교대상으로 한국사를 거론하고 한국사를 거론할 때 조공·종속·속국 등의 용어를 사용하는 '한국사 폄하', 일본군에 의해 자행된 가혹행위의 상징인 '군대위안부' 관련 내용의 고의적 누락에 의한 잔혹행위의 실체은폐, 반봉건·반외세 운동인 동학농민전쟁을 '동학의 난' 또는 '폭동'으로, 한국과 일본의 50여년 간 연구결과 인정받지 못하고 있는 '임나일본부설', 과거의 침략전쟁을 '대동아 전쟁'으로 미화하면서 아시아 해방운동을 위한 전쟁이라는 터무니없는 제국주의 논리를 앞세우는 등의 수없이 왜곡된 역사가 학교 현장에서 교과서로 채택되고, 이러한 잘못된 역사를 배운 후대의 일본인들이 또다시 우리를 포함한 전세계의 인류를 대상으로 그들의 선대가 저지른 역사적 과오를 능가하는 훨씬 더 참혹한 역사적 범죄를 범하지 않을 수밖에 없는 것은 자명한 사실이라고 여겨진다.

이와 같은 일본의 역사교과서 왜곡에 따른 문제점을 직시한 도봉구의회 의원 일동은 비록 과거의 일본이 우리들에게 씻을 수 없는 역사적 과오를 범하였지만 양국 간 선린우호관계의 정립이 향후 아시아 지역은 물론 전세계의 평화와 번영에 초석이 될 수 있다는 인식 아래 금번 일본의 역사교과서 왜곡이 즉각 수정되어 한·일 월드컵의 공동개최를 계기로 양국 간의 오랜 역사를 통하여 처음으로 조성되었던 동반자적 우호관계가 훼손되지 않도록 일본정부 당국의 진실하고도 즉각적인 역사교과서 수정을 강력히 촉구하면서 40만 도봉구민의 뜻을 모아 다음과 같이 결의한다.

1. 일본정부는 자국의 헌법이 침략전쟁을 부인하는 국제적 선언이며 공약임을 상기하여 아시아태평양전쟁을 '대동아 전쟁'이라고 부르고 그것이 침략전쟁이었음을 인정하지 않고 있는 등의 왜곡되고 편향적인 역사교과서에 대한 검정을 즉각 취소하고 수정하여야 한다.

1. 일본정부와 일본국민은 역사란 과거사에 대한 진솔한 참회와 반성을 토대로 기술되어야 함을 명심하고 국수주의적 역사관에 기초한 역사교과서를 후세들의 교과서로 채택하도록 방치하는 것은 대한민국을 포함한 피해국과의 선린우호관계를 크게 저해함을 인식하고 왜곡 기술된 역사교과서를 즉각 수정하여야 한다.

1. 대한민국 정부는 왜곡된 교과서 수정을 위하여 강력하고도 능동적인 모든 외교적 대책을 강구하여야 하며 우리의 수정요구를 수용하지 않을 경우에는 국제기구 등을 통한 국제적 대응과 함께 각종 정치·경제·사회·문화적 교류 및

개방중단, 천황호칭 변경 검토 및 '21세기 미래지향적 한·일 파트너십 공동선언'의 파기 여부 등을 포함하여 한·일 관계 전반에 대해 전면 재검토하여야 한다.

1. 40만 도봉구민 모두는 왜곡교과서에 대한 일본정부 당국의 즉각적인 검정취소 및 수정을 강력 촉구하면서 우리의 요구를 수용하지 않을 경우에는 반일본 운동을 적극 전개하여 일본제품 불매 등 모든 노력을 강구하여 나아갈 것을 결의한다.

70

날짜 : 2001년 8월 17일
제목 : 일본 고이즈미 총리 신사참배 규탄과 역사교과서 왜곡수정을 촉구하는
　　　 전라북도의회 입장
주체 : 전라북도의회 의원 일동

21세기 국제교류는 냉전종식에 이어 새로운 협력관계를 이루면서 화해를 통해 세계 평화의 길로 나아가고 있다. 특히 한·일 양국은 지난 1998년 김대중 대통령과 오부치 게이조 수상 간에 "한·일 파트너십 공동선언"을 통하여 발전적인 양국의 관계 구축을 다짐한 바 있다.

그러나 최근 일본은 세계평화에 정면으로 도전하는 기만 행위를 서슴지 않고 있다. 고이즈미 총리가 군국주의의 상징인 야스쿠니 신사를 참배한 것은 군국주의 부활을 기원하는 것이며 지금도 전쟁을 준비하고 있다는 선전포고나 다름없다.

더욱더 분노스러운 것은 A급 전범 앞에 참배한 뒤 "오늘날 일본의 번영과 평화는 전몰자들의 희생 위에서 이뤄진 것이고, 그들에게 경의를 표하지 않을 수 없다"고 당당하게 말했다는 것이다. 이것은 태평양전쟁의 희생자들에게 참회하기는커녕 군국주의 망령을 되살리려는 시대 착오적인 행위라는 점에서 실로 개탄하지 않을 수 없다. 뿐만 아니라 한국을 비롯한 아시아 여러 나라의 수정요구에도 불구하고 왜곡된 역사교과서를 재수정하지 않고 있다. 이것은 전범국인 일본의 본래 모습을 감추고 왜곡된 역사교과서를 이용하여 스스로를 미화하려는

가치없는 수단에 불과할 것이다.

이에 전라북도의회에서는 "고이즈미 총리의 신사참배와 역사교과서 재수정 거부"에 대해 다음과 같이 입장을 밝힌다.

1. 지난 8월 13일 고이즈미 총리가 국제적인 비판 여론과 반대에도 불구하고 야스쿠니신사를 참배한 것은 반평화적인 기만행위로 절대 용납할 수 없음을 밝히며 이를 강력히 규탄한다.

2. 일본의 왜곡된 역사교과서를 재수정하지 않고 있음은 반역사적인 행위로 한국을 비롯한 아시아 여러 나라와의 선린우호관계를 크게 손상할 뿐만 아니라 역사의 영원한 적국임을 자인하는 것으로 지금이라도 올바른 역사 기술에 즉각 나서기를 촉구한다.

일본의 자매결연도시에후소샤교과서 불채택을 요구하는

서한

1

날짜 : 2001년 4월 24일
수신 : 五戸町長, 五戸町議會 議長, 國際交流協會長
발신 : 충청북도 옥천군수 유봉렬

정장님, 의장님, 국제교류협회장님 안녕하십니까.

신록의 계절 5월에 고노헤(五戸)정의회 의원님들을 비롯한 관계자 여러분을 옥천에서 만날 수 있음에 '지용제'를 학수고대하고 있었는데 일부 정치인들로 인한 역사교과서 왜곡사건으로 여러분들을 모시지 못하게 되어 매우 유감스럽게 생각합니다.

본인은 그 동안 귀정과 나눈 정과 우호를 생각할 때 이렇게 함이 가슴아프지만 국민의 정서에 따를 수밖에 없음을 말씀드리며, 어느 정도의 시간이 흐르고 한국민들과 옥천 군민들의 감정이 가라앉으면 다시 초청드릴 것을 약속드립니다.

이번 사건은 불행한 일이지만, 그 동안 쌓아온 고노헤정과 옥천군 간 자매의 우정이 결코 훼손되어서는, 또한 훼손되지도 않을 것임을 저는 믿습니다.

가까운 시일 내 다시 만날 수 있기를 바라면서 이러한 글을 보내지 않으면 안되는 옥천군의 입장을 이해하여주시기 바랍니다.

끝으로 고노헤정의 무궁한 발전과 정민들의 건강을 기원합니다.[1]

---

1) 7월 25일 부군수, 의회의장, 국제교류담당자로 구성된 옥천군 친선방문단은 고노헤정을 방문하여, 26일에 후소샤의 역사교과서를 채택하지 말 것을 고노헤정에 권유하였다. 그리고 7월 30일에 고노헤정은 후소샤 역사교과서의 불채택을 전화로 알려왔다.

2

날짜 : 2001년 7월 6일
수신 : 防府市議會
발신 : 강원도 춘천시의회 의장 정태섭

호후(防府)시의회 귀중

1. 성하(盛夏)의 계절을 맞아 귀 의회 구보타(久保玄爾) 의장님을 비롯한 의원님들의 강녕하심을 기원드립니다. 지난 5월 귀시의 시 승격 제65주년 축제 시에는 우리 의회의 형편이 여의치 않아 귀시를 방문, 기쁨을 함께 나누지 못하였던 점 지금도 못내 아쉽게 생각합니다.

귀시와 우리 춘천시가 자매 결연을 맺은 지도 어언 10년, 또한 귀 의회와 우리 의회가 상호교류협약을 체결한 지 3년의 세월이 흘러, 양시 간 돈독한 우호의 정이 날로 깊어가고 있는 때에 즈음하여, 국가적인 현안사항인 역사교과서 왜곡 문제로 귀 의회에 이 서신을 드리게 되어 행여 그 동안 쌓아온 우호의 정이 손상되지나 않을까 하여 심히 우려됩니다.

그러나 양국 간의, 양시 간의 진실된 우호의 관계가 오래오래 지속되기를 바라는 뜻에서 이 글을 송부하게 됨을 널리 혜량하여주시기 바랍니다.

2. 우리 춘천시의회는 귀국의 '새로운 역사교과서를 만드는 모임'에서 간행한 중학교용 역사교과서가 역사적으로 명백한 침략 사실을 왜곡할 뿐만 아니라 국가주의, 황국사관에 기초하여 역사를 서술함으로써 수많은 희생을 치른 대가로 얻은 인권과 평화를 위협하고 있다고 생각하고 있습니다.

이러한 인식에 기초하여 한국에서는 그 동안 역사왜곡의 수정을 요구하는 항의집회와 서명운동, 학술회의 등이 개최되었으며, 왜곡된 교과서의 수정을 요구하는 결의를 일본정부에 촉구한 바 있습니다. 그러나 해내외의 많은 항의에도 불구하고 동아시아의 평화를 위협하는 '새로운 역사교과서를 만드는 모임'의 역사교과서가 검정에 통과하여, 이제 지방교육위원회의 채택 절차만 남겨놓고 있습니다.

3. 우리는 양국의 자라나는 어린이들이 서로 신뢰하는 가운데 협력하여 다가

올 세상을 더욱 밝고 아름답게 만들어나가기를 기대합니다.

　지나간 시절 한국의 아이들은 일본을 가장 싫어하는 나라의 하나로 생각했으나 최근 몇 년 간 2002년 한일월드컵(WORLD CUP)의 공동개최, 일본문화개방 등으로 일본을 친근한 나라로 이해하는 경향이 뚜렷해졌습니다.

　그러나 이번의 교과서 파동으로 한국 아이들의 일본에 대한 생각은 다시 과거로 돌아가고 있습니다. 우리는 한일 양국의 바람직한 미래를 생각할 때 이러한 현상을 가슴아프게 생각합니다.

　4. 이에 우리는 다시 한번 일본의 양심과 상식에 호소합니다.

　'침략'을 '진출'과 '해방'으로 왜곡하는 잘못된 교과서가 교실에서 사용되지 않기를! 인권과 평화를 무시하고 국가주의를 강조하는 교과서가 학생들에게 강의되지 않기를!

　5. 여기 춘천시민의 의지를 대변하는 "일본 중학교에서의 왜곡 역사교과서 채택을 반대하는 춘천시의회의 결의"를 송부하오니 춘천시민의 뜻을 헤아리시어 왜곡된 역사교과서가 귀 지역 관내 중학교 교재로 채택됨으로써 춘천시와 호후시 간의 우호 관계에 금이 가는 일이 없도록, 나아가 귀국의 국제적인 고립과 불행을 초래하는 사태가 도래하지 않도록 귀 의회에서 적극적으로 노력하여주시기를 간절히 호소합니다.

3

날짜 : 2001년 7월 9일
수신 : 防府市長
발신 : 강원도 춘천시장 배계섭

마츠우라(松浦正人) 호후시장 귀하
　평소 양시의 우호증진과 교류활동을 위해 애써주시는 마츠우라 호후시장님을 비롯한 관계자 여러분들의 노고와 협조에 진심으로 감사드리며 호후시민의 안녕하심을 기원드립니다.

체육회의 교류를 통해 시작된 귀시와의 교류가 올해로 36년이 되는 장년의 세월이 흘렀으며, 양시가 공식 자매결연을 맺은 지도 금년도가 꼭 10년이 되는 정말 뜻깊은 해이기에 그 감회가 어느 때보다도 더욱 깊어지는 것 같습니다.

특히, 지난 5월 23일 귀시에서 개최되었던 '호후시제 시행 65주년 기념식전'에서도 양시의 각별한 우호관계와 호후시민들의 따뜻한 배려를 마음속 깊이 느낄 수 있었습니다.

이 모든 것은 마츠우라 시장님을 비롯한 관계자 여러분들의 지속적인 관심과 성원의 결실이라고 생각하면서, 양시의 교류 관계가 날로 발전되리라 확고히 믿고 있습니다.

다만 지금은 지난 5월 방문 시에도 말씀드린 것과 같이 국내적으로 귀국의 '새로운 역사교과서를 만드는 모임'에서 간행한 중학교용 역사교과서가 일본 문부과학성의 검정을 통과함에 따라 새 역사교과서의 기술 내용에 대한 정당성 여부를 놓고 우리 시민들의 감정이 극도로 고조되어 있다는 사실을 전해드리면서, 우리 시에서는 '일본교과서바로잡기운동본부'와 '일본교과서바로잡기국제캠페인' 조직에서 추진하는 시민운동에 적극 참여함으로써 자라나는 세대들에게 올바른 역사관을 심어주기로 하였습니다.

이제 교과서의 채택은 오는 7월 16일부터 각 지방자치단체 교육위원회 소관으로 시행되는 것으로 알고 있습니다. 우리는 옛부터 한일정책의 내용을 서로 이해하고 서로 용서하며 오늘에 이르렀건만, 가장 왜곡이 심한 "후소샤"의 교과서를 비롯한 아시아의 평화를 침해하는 왜곡된 교과서가 나온 것만으로도 심히 유감스럽게 생각하지 않을 수 없습니다.

우리는 일본 내 양심적인 지식인과 시민 사회단체의 시민운동과 더불어 36년간을 간직해온 양시 시민들의 우정을 생각하셔서 귀시에서는 왜곡된 교과서가 채택되지 않도록 하여주실 것을 간절히 바랍니다.

모쪼록 이번 왜곡교과서 문제로 인해 한·일 간의 국가관계는 물론 돈독한 우의를 다져온 양시의 관계가 손상을 입지는 않을까 하는 우려와 함께 조심스러운 마음으로 서신을 보내오니 혜량하여주시기를 바랍니다.

특별히 7월 23일 개최되는 야마구치 키라라박람회 '호후시민의 날' 행사에는 제가 꼭 참석하여 축하드리고자 계획하고 준비하였으나 국내외 사정과 우리 시의 현안사항 해결을 위해 부득이 제가 참석하지 못하는 것을 유감으로 생각하며 최형문 행정지원국장을 대신 참석토록 하였습니다.

또한 지난 1991년 자매결연을 주선하신 조성운 전 시장님과 신상교 전 총무국 장, 마근숙 전 총무과장님께서도 축하사절단으로 방문하게 되오니 넓은 마음으로 이해하여주시면 고맙겠습니다.

끝으로 오늘 서신에서 말씀드린 "후소샤"의 교과서 등 '새로운 역사교과서를 만드는 모임'에서 간행된 중학교용 역사교과서가 우리 춘천시의 자매도시인 호후시에서는 채택되지 않도록 시장님의 각별한 관심을 당부드리면서, 키라라박람회와 '호후시의 날' 행사의 성공적인 개최와 함께 호후시의 영원한 발전과 번영을 기원드립니다.

3-1

날짜 : 2001년 7월 9일
수신 : 防府市 敎育委員會 敎育長
발신 : 강원도 춘천시장 배계섭

호후시 교육위원회 교육장 귀하

평소 양시의 우호증진과 교육사업에 애써주시는 교육장님과 관계자 여러분께 진심으로 감사드리며 지난 5월 '호후시제 시행 65주년'을 맞아 귀시에서 함께 나눈 시간은 영원토록 저의 가슴속에 기억될 것입니다.

잘 아시다시피 귀시와 우리 춘천시는 체육회 교류를 통해 1975년부터 교류를 시작한 이래 벌써 36년의 세월이 지났으며, 1991년 공식 자매결연을 맺은 지 올해로 꼭 10년이 되는 정말 뜻깊은 해이기도 합니다. 특별히 작년에는 처음으로 초·중학생들의 교류활동도 시작하여 청소년들에게 매우 유익한 기회를 제공하기도 하였으며 금년에도 우리 시와 귀시의 대상 학생들이 큰 기대에 부풀어 있을 것으로 생각합니다.

그러나 이러한 양시의 돈독하고 긴밀한 우호 교류상황에도 불구하고 지금 우리 국내의 대다수 국민과 교육계에서는 귀국의 '새로운 역사교과서를 만드는 모임'에서 간행한 중학교용 역사교과서의 문부과학성 검정 통과로 인해 교과서의 기술 내용에 대한 수많은 반발 여론이 제기되고 있습니다.

역사적으로 명백한 침략사실을 왜곡하고 국가주의, 황국사관에 기초하여 역사를 기술하는 등 수많은 희생을 치른 대가로 얻은 인권과 평화를 왜곡하는 새 교과서의 내용에 대해 우리 시의 많은 시민들도 커다란 우려와 놀라움을 나타내고 있는 실정입니다.

이제 문부과학성의 검정을 통과한 교과서가 각 지방자치단체 교육위원회 소관으로 오는 7월 16일부터 채택되는 것으로 알고 있습니다. 우리는 옛부터 한일 정책의 내용을 서로 이해하고 서로 용서하며 오늘에 이르렀건만, 가장 왜곡이 심한 "후소샤"의 교과서를 비롯한 아시아의 평화를 침해하는 왜곡된 교과서가 나온 것만으로도 심히 유감스럽게 생각하지 않을 수 없습니다.

우리가 당부드리고자 하는 것은 일본 내 양심적인 지식인과 시민 사회단체의 여론과 함께 36년 간을 간직해온 양시 시민들의 우정을 생각하여 귀 교육위원회에서는 왜곡된 교과서가 채택되지 않도록 하여주실 것을 간절히 바랍니다.

모쪼록 우리는 이번 왜곡교과서 문제를 슬기롭게 대처하여 한일 간의 국가관계는 물론, 변함없는 양시의 우호관계 유지와 함께 양국의 어린이들이 올바른 역사인식과 세계적인 가치관을 정립하여 평화와 화해의 세상을 만들어나갈 수 있도록 기성세대의 양식 있는 모습을 보여주게 되기를 바라마지 않습니다.

끝으로 오늘 서신에서 말씀드린 "후소샤"의 교과서 등 '새로운 역사교과서를 만드는 모임'에서 간행된 중학교용 역사교과서가 우리 춘천시의 자매도시인 호후시에서는 채택되지 않도록 교육장님의 각별한 관심을 당부드리면서, 귀 위원회와 호후시의 영원한 발전을 기원드립니다.

3-2

날짜 : 2001년 7월 9일
수신 : 防府市 日韓親善協會長
발신 : 강원도 춘천시장 배계섭

고도쿠 미치아(神德通也) 일한친선협회장 귀하

성하의 계절을 맞아 고도쿠 미치야 회장님을 비롯한 협회 임원님들의 평안하심을 기원드리며, 지난 5월 23일 개최되었던 '호후시제 시행 65주년 기념식전'에서의 고도쿠 미치야 협회장님의 따뜻한 환영과 배려가 지금도 마음속 깊이 남아 있습니다.

어느덧 귀시와의 교류를 시작한 지도 올해로 36년이 되는 장년의 세월이 되었으며, 공식 자매결연을 맺고 문화·예술 교류 등 다양한 교류활동을 해온 지도 꼭 10년이 되는 성숙기를 맞아 그 감회 또한 매우 깊다고 하겠습니다.

그러나 양시의 돈독하고 긴밀한 우호 교류상황에도 불구하고 지금 우리 국내에서는 일본 문부과학성의 검정을 통과한 귀국의 '새로운 역사교과서를 만드는 모임'에서 간행한 중학교용 역사교과서에서 역사적으로 명백한 일본의 침략 사실 왜곡과, 국가주의·황국사관에 기초한 기술 내용 등의 정당성에 대해 심각한 반론과 우려를 제기하고 있습니다.

이제 문부과학성의 검정을 통과한 교과서가 각 지방자치단체 교육위원회 소관으로 오는 7월 16일부터 채택되는 것으로 알고 있습니다. 우리는 옛부터 한일 정책의 내용을 서로 이해하고 서로 용서하며 오늘에 이르렀건만, 가장 왜곡이 심한 "후소샤"의 교과서를 비롯한 아시아의 평화를 침해하는 왜곡된 교과서가 나온 것만으로도 심히 유감스럽게 생각하지 않을 수 없습니다.

우리가 한일친선협회에 당부드리고자 하는 것은 일본 내 양심적인 지식인과 시민 사회단체의 여론과 함께 36년 간을 간직해온 양시 시민들의 우정을 생각하여 귀시에서는 왜곡된 교과서가 채택되지 않도록 적극 협조하여주실 것을 간절히 바랍니다.

모쪼록 이번 왜곡교과서 문제로 인해 한·일 간의 국가관계는 물론 돈독한 우호관계를 지속시켜온 양시의 관계에 조금의 손상도 가지 않도록 적극적인 협조를 부탁드리면서 우리 춘천시의 자매도시인 호후시에서는 '새로운 역사교과서를 만드는 모임'에서 간행된 중학교용 역사교과서가 채택되지 않도록 회장님과 협회 임원님들의 각별하신 관심을 당부드리면서 호후시와 일한친선협회의 무궁한 발전과 번영을 기원드립니다.

3-3

날짜 : 2001년 9월 7일
수신 : 防府市議會
발신 : 강원도 춘천시의회 의장 정태섭

호후시의회 의장님 귀하
호후시장님 귀하[2]
호후시 교육장님 귀하[3]
호후시 일한친선협회장님 귀하[4]

안녕하십니까?

지리하고 무덥기만 하던 장마와 삼복 더위를 뒤로하고 어느 사이 풍요와 결실의 계절인 가을의 문턱에 성큼 다가섰습니다.

시난번 일본의 왜곡 역사교과서 문제와 관련 춘천시의회에서 건의한 내용에 대하여 호후시는 물론 야마구치현 내에서도 해당 왜곡 역사교과서를 채택하지 않기로 하였다는 사실에 우리 춘천 시민 모두와 함께 매우 기쁘게 생각합니다.

또한 부득이 그런 건의문을 전해드릴 수밖에 없었던 상황에 대하여 의장님의 넓으신 양해를 바랍니다.

한국의 속담에 비온 뒤의 땅이 더욱 굳어진다는 말이 있습니다. 아무쪼록 앞으로도 양 도시 간 이해와 협력의 폭을 넓혀 더욱더 활발하고 내실 있는 교류를 통하여 신뢰와 우호의 증진 속에 양 도시의 발전을 바랍니다.

아울러 의장님께서 제안하셨다시피 양 도시 간 의원교류는 사실상 올해는 시간의 어려움이 있으니 내년부터 다시 정상화하는 것이 바람직하다고 생각합니다.

의장님과 의원님 여러분 모두 항상 건강하고 행복하심은 물론 호후시 의회의 무궁한 발전을 기원드립니다.

---

2) 시장님과 직원 그리고 모든 호후 시민의 앞날에 항상 행복과 더 큰 발전이 있기를 기원드립니다.
3) 교육장님과 관계자 여러분 모두 항상 건강하고 행복하심은 물론 호후시 교육위원회의 무궁한 발전을 기원드립니다.
4) 호후시 일한친선협회장님과 모든 회원들의 앞날에 항상 행복과 더 큰 발전이 있기를 기원드립니다.

4

날짜 : 2001년 7월 10일
수신 : 米子市5) 市長 三田隆朝
발신 : 강원도 속초시장 동문성

존경하는 모리타 타카모토 시장님!

우리 시는 그 동안 귀시와 상호교류를 위한 방문 및 직원 파견 등을 통하여 우호관계를 돈독히 해왔습니다. 귀시와의 교류는 귀 시민들과 진정한 의미로서의 우정과 형제애를 느끼도록 했고, 세계화 시대를 함께 하는 동반자라는 인식을 심어주었습니다.

그러나 근래 일본 내의 "새로운 역사교과서를 만드는 모임"에서 간행한 중학교용 역사교과서의 잘못된 내용에 대하여 우리 시민들을 비롯한 많은 국민들로부터 우려의 소리가 높게 나타나고 있습니다. 위의 교과서는 과거의 역사적 사실을 잘못 기술하고 있을 뿐만 아니라, 군국주의·황국사관에 기초하여 역사를 서술함으로써 수많은 희생을 치른 대가로 얻은 세계평화와 동아시아인의 인권을 위협하고 있다고 생각합니다.

일본국 정부가 후소샤 간행의 잘못 기술된 교과서를 승인함은 결국 세계 속에 일본국의 신뢰성을 실추시키는 결과를 초래한다고 판단하여 우리 정부는 이의 수정을 요청해왔습니다만, 이러한 노력에도 불구하고 동아시아의 평화를 위협하는 "새로운 역사교과서를 만드는 모임"의 역사교과서가 검정을 통과하여 이제 지방교육위원회의 채택절차만 남겨놓게 되었음을 잘 알고 있습니다.

우리는 양국의 자라나는 어린 청소년들이 서로를 신뢰하는 가운데 협력함으로서 다가올 세상을 더욱 밝고 아름답게 만들어나가기를 기대합니다.

우리는 2002년 월드컵의 공동개최, 일본문화의 개방을 통해, 그리고 여러 차례 일본을 방문하고 여러분들을 맞이하는 과정에서 일본, 일본인을 친근한 이웃으로 또 형제로 이해하게 되었습니다.

그러나, 이번의 교과서 파동으로 우리 시민과 청소년들이 일본에 대해 부정적인 시각을 갖게 될까 두렵습니다. 한·일 양국 및 우리 시와 귀시와의 바람직한 미래를 생각할 때 가슴 아픈 일이 아닐 수 없습니다.

---

5) 교류도시인 사카이미나토시에도 같은 내용의 서한 발송.

이에 우리는 교과서 채택의 권한을 가진 귀시 교육위원회의 양심과 상식에 호소합니다. 인권과 평화를 무시한 잘못 기술된 교과서가 귀시 학생들에게 교육되지 않기를 바라며, 또 지금까지 쌓아온 양 지역의 선린우호관계에 금이 가지 않게 되기를 바라면서 존경하는 모리타 타카모토 시장님께, 전후 민주주의 체제수호와 평화헌법의 숭고한 이념을 부정한 후소샤 간행의 교과서가 채택되지 않도록 관심을 기울여주실 것을 간곡히 요청하면서 일본의 지성을 믿는 바입니다.

감사합니다.

4-1

날짜 : 2001년 7월 18일
수신 : 강원도 속초시장 동문성
발신 : 米子市長 三田隆朝

존경하는 동문성 시장님 귀하

이번 일본의 중학교 역사교과서 문제는 양국 간의 중요하고, 그리고 심각한 외교문제이기 때문에, 이것을 해결해가기 위해서는 상호의 이해와 노력이 필요하다고 인식하고 있는 바입니다.

아시는 바와 같이 역사교과서 채택은 유감스럽게도 제 권한이 아니라 교육위원회에 채택권이 있습니다. 동문성 시장님께서 친서를 보내주셨던 날(7월 10일)에, 시장님의 뜻을 전달하고 배려해달라고 이야기했습니다.

민주적으로 운영되는 채택위원회의 판단을 기다려야 합니다만, 속초시와의 우호관계에 금이 가지 않도록, 최대한의 노력을 다하겠습니다.

존경하는 동문성 시장님의 기대에 부응할 만한 답변을 하지 못하여 마음이 아픕니다.

끝으로 한국 및 속초시의 무궁한 발전과 동문성 시장님을 비롯한 직원 여러분들의 건승을 기원합니다.

4-2

날짜 : 2001년 7월 30일
수신 : 米子市長 三田隆朝
발신 : 강원도 속초시장 동문성

존경하는 모리타 타카모토 시장님

염천지절(炎天之節), 모리타 타카모토 시장님의 건승을 기원드립니다.

지난 27일, 일본해신문의 보도를 통하여 귀시의 교육위원회에서 그 동안 한·일 양국의 중요 현안으로 대두되었던 후소샤 간행의 교과서를 채택하지 않았음을 알았습니다.

이러한 결과는 모리타 타카모토 시장님의 각별하신 배려와 지금까지 쌓여진 양 지역의 선린우호관계, 그리고 미래의 청소년들에게 좋은 세상을 만들어주기를 바라는 일본의 양심과 지성의 힘이 바탕이 되었다고 생각하며, 10만 속초시민의 이름으로 감사의 말씀을 대신해 올립니다.

이번 일을 계기로 양 지역 간의 우호관계는 더욱 돈독해질 것으로 믿으며, 저 또한 속초시와 요나고시 사이의 우호증진에 미력하나마 최선의 노력을 다할 것을 약속드립니다.

끝으로, 양 지역의 우호관계에 손상을 입히지 않도록 많은 노력을 기울여주신 모든 분들께 거듭 감사의 말씀을 드리며, 요나고시의 무궁한 발전과 모리타 타카모토 시장님의 건승을 기원드립니다.

4-3

날짜 : 2001년 8월 3일
수신 : 강원도 속초시장 동문성
발신 : 米子市長 三田隆朝

존경하는 동문성 시장님 귀하

무더운 여름 날씨가 계속되는 요즘 동문성 시장님을 비롯한 속초시 직원 여러분들께서 더욱 건승하심을 기쁘게 생각합니다.

다름이 아니오라 동문성 시장님을 비롯한 속초 시민 여러분, 더 나아가서는 한국 국민 여러분들께서 우려하고 계시던 역사교과서 문제에 대해서 말씀드리고자 합니다.

2002년부터 초·중학교에서 사용할 교과서에 대해서 지난 7월 6일 돗토리현 서부 2시(市) 12정촌(町村)에서 조직한 '돗토리현 서부지구 교과용도서 채택협의회'가 개최되었고, 그 결과를 토대로 7월 25일 요나고시 교육위원회가 열려, 최종 결정을 내렸습니다. 그 결과 우려하시던 후소사(扶桑社)의 역사교과서는 채택되지 않았습니다.

동문성 시장님께서는 신문보도를 통해 결과를 알게 되셨다고 하셨습니다만, 연락이 매우 늦어진 점 죄송스럽게 생각합니다.

외교문제라고 하는 커다란 벽이 있습니다만 이번 일을 계기로 귀시와의 우호관계 폭이 더욱 넓어질 수 있도록 최대한의 노력을 다하겠습니다.

마지막으로 앞으로도 양시가 손을 맞잡고 이해를 넓혀 우호의 정이 더욱 돈독해지게 되기를 희망합니다.

5

날짜 : 2001년 7월 10일
수신 : 山口縣知事 二井關成
발신 : 경상남도 지사 김혁규

존경하는 니이 세키나리 야마구치현 지사님께

탁월한 지도력으로 야마구치현을 발전시켜오시면서 우리 대한민국 경상남도 발전에도 큰 관심과 협조를 해주시는 지사님께 경의와 감사를 드립니다.

귀현과 우리 경상남도는 일찍부터 자매결연을 맺어 선린우호와 공동번영을 위해 상호 협조하면서 신뢰를 쌓아오고 있습니다.

저는 이 점을 매우 마음 든든하게 생각하면서 지사님과 귀현 현민들에게 무한한 우의를 간직하고 있습니다.

잘 아시다시피 그 동안 많은 분야에서 상호 협력하면서 동반자적 관계를 발전시켜온 한·일 양국 간에 최근 일본 역사교과서 기술을 둘러싸고 불신과 갈등이 크게 빚어지고 있습니다. 이러한 상황은 양 국민들이 그 동안 쌓아온 서로간의 신뢰감에 자칫 상처를 줄 수도 있어 염려스럽습니다.

특히 귀 야마구치현과 자매결연의 우의를 다져오고 있는 우리 310만 경남도민들과 저는 이번 양국 관계 악화를 보면서 안타까운 심정 금할 길 없습니다.

지사님께서도 잘 아시는 바와 같이 역사란 일시적인 국가·민족관에 바탕한 관점이나 해석으로 그 진실이 바뀌어서는 안 된다고 생각합니다. 그리고 역사적 진실은 반드시 밝혀지게 되는 것 또한 인류사의 교훈이라 믿습니다.

오늘날 하나가 된 지구촌이 공동으로 번영해가면서 미래의 희망차고 평화로운 인류 역사를 열어가기 위해서는 일본정부가 가슴을 열고 과거의 역사를 진실 그대로 후세들에게 가르치고, 이러한 바탕 위에서 양국의 선린우호관계를 계속 발전시켜나가야 할 것입니다. 이 점 지사님의 적극적인 관심과 협조가 있으시기를 간곡히 부탁드립니다.

거듭 한·일 양국과 좁게는 오랜 동안 우의를 다져온 우리 도와 야마구치현 간의 우정과 상호 협력을 통한 공동번영이 영원히 지속될 수 있기를 진심으로 바라면서 야마구치현의 발전과 지사님을 비롯한 현민들의 행복을 기원합니다.

5-1

날짜 : 2001년 7월 10일
수신 : 福岡縣知事 麻生渡
발신 : 경상남도 지사 김혁규

존경하는 아소 와타루 후쿠오카현 지사님께

탁월한 지도력으로 후쿠오카현을 발전시켜오시면서 우리 대한민국 경상남도 발전에도 큰 관심과 협조를 해주시는 지사님께 경의와 감사를 드립니다.

귀현과 우리 경상남도는 일찍부터 시·도·현 지사회의를 통해 선린우호와 공동번영을 위해 상호 협조하면서 신뢰를 쌓아오고 있습니다.

저는 이 점을 매우 마음 든든하게 생각하면서 지사님과 귀현 현민들에게 무한

한 우의를 간직하고 있습니다.

잘 아시다시피 그 동안 많은 분야에서 상호 협력하면서 동반자적 관계를 발전시켜온 한·일 양국 간에 최근 일본 역사교과서 기술을 둘러싸고 불신과 갈등이 크게 빚어지고 있습니다. 이러한 상황은 양 국민들이 그 동안 쌓아온 서로간의 신뢰감에 자칫 상처를 줄 수도 있어 염려스럽습니다.

특히 귀 후쿠오카현과 우의를 다져오고 있는 우리 310만 경남도민들과 저는 이번 양국 관계 악화를 보면서 안타까운 심정 금할 길 없습니다.

지사님께서도 잘 아시는 바와 같이 역사란 일시적인 국가·민족관에 바탕한 관점이나 해석으로 그 진실이 바뀌어서는 안 된다고 생각합니다. 그리고 역사적 진실은 반드시 밝혀지게 되는 것 또한 인류사의 교훈이라 믿습니다.

오늘날 하나가 된 지구촌이 공동으로 번영해가면서 미래의 희망차고 평화로운 인류 역사를 열어가기 위해서는 일본정부가 가슴을 열고 과거의 역사를 진실 그대로 후세들에게 가르치고, 이러한 바탕 위에서 양국의 선린우호관계를 계속 발전시켜나가야 할 것입니다. 이 점 지사님의 적극적인 관심과 협조가 있으시기를 간곡히 부탁드립니다.

거듭 한·일 양국과 좁게는 오랜 동안 우의를 다져온 우리 도와 후쿠오카현 간의 우정과 상호 협력을 통한 공동번영이 영원히 지속될 수 있기를 진심으로 바라면서 후쿠오카현의 발전과 지사님을 비롯한 현민들의 행복을 기원합니다.

5-2

날짜 : 2001년 7월 10일
수신 : 中國 山東省長 李春亭
발신 : 경상남도 지사 김혁규

존경하는 이춘정 산동성 성장님께

탁월한 지도력으로 산동성을 발전시켜오시면서 우리 대한민국 경상남도 발전에도 관심과 협조를 보내주시는 성장님과 인민들께 경의와 감사를 드립니다.

귀성과 우리 도는 일찍이 자매결연을 맺어 선린우호와 공동번영을 위해 상호 협조하면서 신뢰를 쌓아오고 있습니다. 저는 이 점을 매우 마음 든든하게 생각하면서 성장님과 귀성 인민들에게 무한한 우의를 간직하고 있습니다.

성장님께서 잘 아시다시피 최근 일본정부는 역사교과서 왜곡 기술에 대해 진실에 입각하여 올바로 수정해줄 것을 바라는 우리나라와 귀국을 비롯한 이웃 나라들의 정당한 요구를 사실상 묵살하고 있습니다.

특히 근현대사 부분에서 일본이 이웃나라 국민들과 역사 앞에 있었던 과오를 많은 부분에서 인정하지 않고 왜곡·기술하고 있어 한·중·일의 국제분쟁으로 비화되고 있습니다.

우리나라는 정부 차원의 대응책들을 검토하는 등 대처하고 있습니다만, 일본정부는 현재로서 수정요구를 더이상 수용하지 않을 것으로 보입니다.

질곡의 근현대사를 겪어오는 동안 일본군국주의로부터 우리나라와 똑같은 피해를 당해 동병상련의 아픔을 갖고 있는 귀국과 우리나라가 일본으로 하여금 그들의 역사교과서에 진실을 기술하도록 하는 데 노력해나가는 것이 중요하다고 믿습니다.

이에 상호 자매결연 관계로 남다른 우의를 다져온 우리 도와 산동성이 연대하여 일본의 역사왜곡 부분 수정 노력에 힘을 보텔 수 있기를 바라면서, 성장님께서도 일본의 가까운 자치단체장들에게 양 도·성의 뜻을 강력히 전달하는 등 공동대처 의지를 과시해주시기를 간곡히 부탁드립니다.

거듭 우리 도와 귀성 간의 공동 번영과 산동성의 발전, 성장님을 비롯한 산동성 인민들의 행복을 기원합니다.

5-3

날짜 : 2001년 7월 17일
수신 : 경상남도 지사 김혁규
발신 : 山口縣知事 二井關成

경상남도 지사 김혁규 귀하

안녕하십니까?

'야마구치 키라라박람회' 국제교류관 '경상남도 부스'에 많은 성원을 해주신 김혁규 지사님께 감사드립니다. 덕분에 방문객들로부터 호평을 받고 있습니다.

지난번 지사님께서 보내주신 친서는 잘 받았습니다. 이번 교과서문제는 양국 정부 간에 조기에 해결해야 할 문제라고 생각합니다. 서한문을 받았다는 것을 정부에 전했습니다.

저는 이번 일로 경상남도와 야마구치현이 지금까지 쌓아온 신뢰와 우정이 손상되리라고는 생각하지 않습니다. 또 이러한 시기야말로 지방차원에서의 교류를 더욱더 활성화시켜 한일 양국 간의 이해를 증진시켜야 한다고 생각합니다.

앞으로도 양 도현의 우호 협력관계를 더욱더 증진시키고자 하오니 지사님의 각별한 성원과 협력을 부탁드립니다.

5-4

날짜 : 2001년 7월 19일
수신 : 경상남도 지사 김혁규
발신 : 나가사키현 지사 가네코 겐지로

경상남도 지사 김혁규 귀하

안녕하십니까?

경상남도와 나가사키현과의 우호교류를 위해 많은 배려를 해주신 지사님께 감사드립니다.

지난 7월 10일자로 보내주신 서한문에 대해 별지와 같이 일본의 외무장관, 문부과학장관 및 총무장관께 공문을 송부하였습니다.

저희 나가사키현으로서는 지금까지 쌓아온 경상남도를 비롯한 한국과의 우호교류를 앞으로도 계속하여 추진해갈 것이며 한일 양국의 우호친선이 더욱더 증진되기를 간절히 바랍니다.

앞으로도 변함없는 우의를 부탁드리며, 경상남도의 무궁한 발전과 지사님을 비롯한 3백만 도민의 건승과 행운을 기원합니다.

별지)

외무장관6) 다나카 마키코(田中眞紀子) 귀하

　나가사키현의 발전을 위해 각별한 배려를 해주신 장관님께 감사드립니다.

　나가사키현은 한국 서울에 나가사키현 사무소를 설치하여 폭넓은 분야에 걸쳐 선린우호교류를 하기 위해 노력하고 있으며, 한일해협연안지역(후쿠오카현, 사가현, 나가사키현, 야마구치현, 부산광역시, 전라남도, 경상남도, 제주도) 8개 시도현의 한일해협연안 시도현지사교류회의의 합의에 의해 환경, 수산, 관광, 학술문화, 스포츠 등의 다양한 분야에 걸쳐 교류를 하고 있으며, 앞으로도 이와 같은 지역차원의 우호교류가 더욱더 증진되기를 바랍니다.

　그런데 한일해협연안 시도현지사교류회의를 구성하는 한국의 경상남도 및 전라남도 양 지사로부터 친서를 받았습니다. 이 서한문 내용에 대하여는 기본적으로 정부에서 대응해야 한다고 생각하여 그 복사본을 송부합니다.

　장관님의 무궁한 발전과 건승을 기원드립니다.

5-5

날짜 : 2001년 8월 6일
수신 : 경상남도 지사 김혁규
발신 : 후쿠오카현 지사 아소 와타루

경상남도 지사 김혁규 귀하

안녕하십니까?

　평소 후쿠오카현과의 교류를 위하여 많은 협조를 해주시는 김혁규 지사님께 감사드립니다. 지난번 지사님의 서한문 잘 받았습니다.

　경상남도와 후쿠오카현과는 1992년 이후 10년 간에 걸쳐 한일해협연안 시도현지사교류회에서 많은 의견교환을 해왔으며, 다양한 공동교류사업을 통하여 양 지역 간의 교류를 증진시켜왔습니다. 이 사업은 양국 간의 상호 이해증진과 선린우호에 많이 기여했을 뿐 아니라 정부차원과는 다른 한일 지역 간 교류의 주도적인 역할을 해왔습니다.

---

6) 총무장관과 문부과학장관에게도 동일한 내용의 공문 발송.

특히 청소년교류사업이나 주민친선이벤트사업은 직접 한일청소년이나 주민이 상호교류를 증진시키는 사업으로써 좋은 평가를 받고 있습니다. 청소년교류사업에 참가하여 홈스테이나 교류합숙을 경험한 본현 대부분의 청소년들은 귀국 청소년들의 근면함과 따뜻한 환대에 깊은 감명을 받고 있습니다.

주민들과 젊은 세대의 마음속에 싹트고 있는 귀국에의 존경이나 친근감은 앞으로 양국의 우호교류를 추진해가는 데 매우 귀중한 재산이 될 것이라 확신하는 바입니다.

본인은 이러한 시기야말로 지금까지 쌓아온 우호교류와 신뢰관계를 바탕으로 21세기 새로운 한일관계 구축을 위해 지역차원에서 성실히 노력을 계속해나가는 것이 중요할 뿐 아니라 우리들의 책임이며 의무라 생각합니다.

이러한 저의 생각을 이해해주시기 바라며 김혁규 지사님의 협조를 진심으로 바랍니다.

마지막으로 경상남도의 무궁한 발전과 지사님의 건승을 기원드립니다.

6

날짜 : 2001년 7월 11일
수신 : 가타야마 요시히로 돗토리현 지사
발신 : 강원도 지사 김진선

가타야마 요시히로 돗토리현 지사 귀하

안녕하십니까? 그 동안 양 지방정부 간 우호교류의 증진을 위해 적극적으로 협조하여주신 지사님의 깊은 배려에 항상 감사하고 있습니다.

최근 한일 간 중요한 외교현안으로 대두되고 있는 귀국의 중학교 역사교과서 검정 및 채택과 관련하여 최근 우리 도민들의 여론과 동향이 심각한 상태로서, 더이상 방치할 경우 양 도·현 간 교류사업에도 많은 어려움이 예상되기에 이를 슬기롭게 해결하여나가는 상호의 노력이 필요한 것으로 사료됩니다.

귀국 정부에서는 양국 간 심각한 외교문제로 대두되었던 역사교과서 검정에 이어, 7월 16일부터는 각 시정촌 교육위원회에서 역사교과서를 채택하는 것으로 알고 있습니다. 물론 교과서 채택은 귀현의 각 시정촌 교육위원회에서 후소샤가 발행하는 역사교과서를 공식 채택하지 않도록 지사님의 적극적인 지원과 협조를 부탁드립니다.

그 동안 양 도·현은 한·일 지방정부 간 우호교류의 모범적인 사례로 평가받아왔고, 양국 지방정부 간 교류협력의 새로운 이정표를 세워왔습니다.

지사님의 현명한 판단으로 또다시 양국정부 차원의 문제를 지방정부 차원에서 극복해내는 모범을 만들 수 있게 되기를 기원합니다.

끝으로 돗토리현의 무궁한 발전과 지사님의 건강을 기원합니다.

7

날짜 : 2001년 7월 11일
수신 : 米子市議會 議長 中本實夫
발신 : 강원도 속초시의회 의장 신철

존경하는 나카모토 지츠오 의장님!

성하의 계절을 맞아 나카모토 지츠오 의장님을 비롯한 의원들의 안녕을 진심으로 기원드립니다.

귀시와 우리 속초시가 결연을 맺어 양시 간 돈독한 우호의 정이 날로 깊어가고 있는 때에 즈음하여 국가적인 현안사항인 역사교과서 왜곡문제로 귀 의회에 이 서신을 드리게 되어 행여 그 동안 쌓아온 우호의 정이 손상되지나 않을까 하여 심히 우려됩니다.

그러나 양국 간의, 양시 간의 진실된 우호의 관계가 오래 지속되기를 바라는 뜻에서 이 글을 송부하게 됨을 혜량하여주시기 바랍니다.

우리 속초시 의회는 귀국의 "새로운 역사교과서를 만드는 모임"에서 간행한 중학교용 역사교과서가 역사적으로 명백한 침략사실을 왜곡할 뿐만 아니라 국가주의·황국사관에 기초하여 역사를 기술함으로써 수많은 희생을 치른 대가로 얻은 인권과 평화를 위협하고 있다고 생각하고 있습니다.

이러한 인식에 기초하여 한국에서는 그 동안 역사왜곡의 수정을 요구하는 항의집회와 서명운동, 학술회의 등이 개최되었으며, 왜곡된 교과서의 수정을 요구하는 결의를 귀국 정부에 촉구한 바 있습니다.

그러나 국내외의 많은 항의에도 불구하고 동아시아의 평화를 위협하는 "새로운 역사교과서를 만드는 모임"의 역사교과서가 검정에 통과하여, 이제 지방교육위원회의 채택 절차만 남겨놓고 있습니다.

우리는 양국의 자라나는 어린이들이 서로 신뢰하는 가운데 협력하여 다가올 세상을 더욱 밝고 아름답게 만들어나가기를 기대합니다.

지나간 시절 한국의 아이들은 일본을 가장 싫어하는 나라의 하나로 생각했으나 최근의 몇 년 간 한일 월드컵의 공동개최, 일본 문화개방 등으로 일본을 친근한 나라로 이해하는 경향이 뚜렷했습니다.

그러나 이번 교과서 파동으로 한국 아이들의 일본에 대한 생각은 다시 과거로 돌아가고 있습니다. 우리는 한일 양국의 바람직한 미래를 생각할 때 이러한 현상을 가슴 아프게 생각합니다.

이에 속초시의회는 속초시민의 의지를 대변하여 우리는 다시 한번 일본의 양심과 상식에 호소하고자 합니다.

'침략'을 '진출'과 '해방'으로 왜곡하는 잘못된 교과서가 교실에서 절대 사용되지 않기를 바랄 뿐만 아니라 인권과 평화를 무시하고 국가주의를 강조하는 교과서가 강요되지 않기를 간절히 바랍니다.

친애하는 나카모토 지츠오 의장님!

속초시민의 뜻을 헤아리시어 왜곡된 역사교과서가 귀 지역 관내 중학교 교재로 채택됨으로써 속초시와 요나고시 간의 돈독한 우호 관계에 금이 가는 일이 없도록 귀 의회에서 적극적으로 노력하여주시기를 간절히 호소합니다.

7-1

날짜 : 2001년 7월 30일
수신 : 요나고시의회 의장 나카모토 지츠오
발신 : 강원도 속초시의회 의장 신철

존경하는 나카모토 지츠오 의장님!
성하의 계절을 맞아 나카모토 지츠오 의장님을 비롯한 의원 여러분들과 시민 모두 안녕하시리라 믿습니다.

지난번 귀국의 "새로운 역사교과서를 만드는 모임"에서 간행한 중학교 역사 교과서가 역사를 왜곡할 뿐만 아니라 인권과 평화를 위협하고 있다고 사료되어 속초시의회는 시민의 의지를 대변하여 의장님께 귀시의 교육위원회에서 이 교과서를 불채택하여줄 것을 간절히 희망하는 서신을 보내드린 바 있습니다만 다행히도 귀시 교육위원회에서 속초 시민의 뜻을 헤아려 현명한 결정을 내려주신 데 대하여 교육위원회 위원들에게 진심으로 감사드리며 환영하는 바입니다.

그리고 양시의 우호증진을 위해 끝까지 진심 어린 염려와 노력을 다하여주신 의장님을 비롯한 의원 여러분께도 거듭 감사를 드리면서 귀시의 무궁한 발전과 건승을 기원합니다.

8

날짜 : 2001년 7월 11일
수신 : 島根縣 知事 澄田信義
발신 : 경상북도 지사 이의근

일본국 시마네현 스미다 노부요시 지사 귀하

시마네현의 발전과 번영을 위해서 노력하고 계시는 지사님께 먼저 안부를 전합니다.

잘 아시다시피, 한·일 양국은 최근 역사교과서 문제로 불신과 갈등이 크게 빚어지고 있습니다. 이러한 상황은 양 국민들이 그 동안 쌓아온 서로간의 신뢰감에 자칫 상처를 줄 수도 있어 매우 염려스럽습니다.

특히 우리 300만 경상북도민들과 저는 지난 2월 독도문제에 이어 또다시 이번 사태로 인하여 양국 관계가 악화되고 있는 것을 보면서 매우 안타깝게 생각합니다.

무릇 역사란 일방적인 국가관 또는 민족관에 바탕한 관점이나 해석으로 그 진실이 바뀌어서는 안 된다고 생각합니다. 언제나 역사적 진실은 반드시 밝혀지게 되는 것이며 또한 역사를 바르게 기술하여 인류사의 교훈으로 남겨야 합니다.

동북아의 평화와 공동번영, 더 나아가서는 미래의 희망차고 평화로운 인류의

역사를 열어가기 위해서는 과거 역사를 진실 그대로 기술하고, 이러한 바탕에서
국가간의 우호친선과 교류협력을 확대시켜나가야 한다고 생각합니다.
　이러한 관점에서 300만 경상북도민은 문제가 되고 있는 역사교과서 문제에
대해 지사님의 적극적인 관심을 기대하는 바입니다.
　시마네현의 발전과 지사님의 건승을 기원합니다.

8-1

날짜 : **2001년 7월 11일**
수신 : 中國 河南省 省長 李克强
발신 : 경상북도 지사 이의근

중국 하남성 이극강 성장 귀하
　하남성의 발전과 번영을 위하여 노력하고 계시는 성장님께 경의를 표합니다.
　성장님께서 잘 아시다시피 최근 일본정부의 역사교과서 왜곡 기술에 대해 한
국과 중국을 비롯한 이웃 여러 나라에서 진실에 입각하여 올바르게 역사교과서
를 기술해줄 것을 요구하고 있으나 일본정부가 더이상 수정요구를 수용하지 않
을 것으로 보임에 따라 한국정부는 정부 차원의 대응책들을 검토하는 등 국제분
쟁으로 비화되고 있습니다.
　중국도 일본의 군국주의로부터 한국과 같은 피해를 당해 동병상련의 아픔을
겪었던 과거가 있었습니다. 따라서 한국과 중국은 일본이 역사교과서에 진실을
기술하도록 하는 데 공동으로 노력해나가는 것이 중요하다고 믿습니다.
　이에 경상북도와 하남성이 연대하여 일본의 역사왜곡 부분 수정에 노력을 함
께 해주시기를 바라면서, 성장님께서도 일본의 가까운 자치단체장들에게 이러한
뜻을 전달하는 등 공동대처 의지를 표명해주시기를 부탁드립니다.
　하남성의 발전과 성장님을 비롯한 하남성 인민들의 행복을 기원합니다.

9

날짜 : 2001년 7월 11일
수신 : 敦賀市
발신 : 강원도 동해시장
제목 : 쓰루가 "시민의 배(船)" 방문 유보 협조 요청

1. 동해시와 쓰루가시와 자매결연 체결 20주년을 경축하기 위하여 7월 13일 동해시를 방문하기로 예정되었던 "시민의 배(船)" 입항과 관련하여 한국과 일본 국 간에 대두되고 있는 역사교과서 파문으로 최근 2~3일 내 국내분위기가 좋지 않게 형성되고 있습니다.

2. 전국적인 대일감정 격화 분위기 속에 우리 강원도의 경우도 각 지방자치단체가 연계하여 이에 상응한 조치를 취하고 있습니다.

가. 강원도의 경우 강원도의회의 요구로 자매도시인 후쿠이현(福井縣) 7주년 기념사업에 대한 모든 예산의 집행을 유보하였고,

나. 춘천, 강릉, 속초시는 자매도시의 방문취소 및 방문요청을 거절하였으며, 역사교과서 왜곡 시정 건의문을 자매도시에 송부하기로 결정하는 등의 조치를 하였습니다.

3. 이러한 국내 분위기에 따라 우리 시민의 정서도 다소 우려할 수준으로 형성되고 있는 상황에서 7월 13일 시민의 배가 입항하여 쓰루가시 상징조형물 제막식 및 문화·스포츠 교류행사를 진행할 경우 우리 시민뿐만 아니라 인근지역 주민들의 감정을 자극할 우려가 있습니다.

4. 따라서 현 시점에서는 우리 국민의 정서가 호전될 때까지 쓰루가시의 "시민의 배" 입항을 유보하여줄 것을 정중히 희망하는 바입니다.

5. 현재 귀시에서는 동해시를 방문하는 준비가 이미 완료되어 유보하기 어려운 점을 이해하고 있습니다만, 만약의 경우 불미스런 사태 발생시의 우호관계가 오히려 훼손될 우려가 예상되는 등 급박한 우리 시의 입장을 십분 이해하여주시기 바랍니다.

9-1

날짜 : 2001년 7월 12일
수신 : ○○○
발신 : 강원도 동해시장
제목 : 동해시와 쓰루가시의 학생상호교류 유보 협조 요청

1. 먼저 동해시와 쓰루가시의 자매결연 체결 20주년 기념행사가 예기치 못한 사정으로 취소된 데 대하여 깊은 유감의 말씀을 드립니다.

2. 아시는 바와 같이 최근의 역사교과서 파문으로 한국과 일본은 심각한 외교적 마찰을 빚고 있으며 이에 따라 한국민의 대일정서도 악화되고 있는 실정입니다. 따라서 현재의 이와 같은 정황을 고려하여 동해시에서는 그 동안 양시 간 정기적으로 추진하여온 초등학생 상호교류도 잠정적으로 유보하고자 합니다.

3. 그러나 장래 양 국가를 이끌어갈 아동들에게 서로의 역사와 문화를 올바르게 이해하고 체험할 수 있는 기회를 제공하는 초등학생의 상호교류는 계속 이어져야 할 것으로 생각하며, 다만 그 시기는 이번 역사교과서 문제가 원만히 해결되어 한국민의 정서가 호전된 이후로 유보하는 것이 타당할 것으로 생각합니다.

4. 다시 한번 양시 간의 자매결연 체결 기념행사와 초등학생 상호교류가 유보된 데 대하여 깊은 유감의 말씀을 드리며, 그간 양시가 쌓아온 돈독한 우의와 협력관계가 영원히 지속되길 진심으로 바랍니다.

9-2

날짜 : 2001년 8월 ○일
수신 : 가와세 가즈하루 쓰루가시장
발신 : 강원도 동해시장권한대행 부시장 이방웅

가와세 가즈하루(河瀬一治) 쓰루가시장 귀하
무덥던 여름이 끝나가는 계절에 쓰루가 시민의 복지증진과 시정발전을 위하여 애쓰시는 시장님의 노고에 깊은 경의를 표합니다.

먼저 1981년 자매결연 체결 이후 양 도시의 발전과 우호친선을 위하여 경제, 문화, 스포츠 등 다방면에 걸쳐 활발히 추진해오던 각종 교류사업이 한·일 양국 간 역사교과서 문제로 인하여 잠시나마 중단되었던 것에 대하여 유감스럽게 생각합니다.

특히 지난 7월 13일 "쓰루가 시민의 배" 입항시 실시하려고 하였던 자매결연 20주년 경축행사가 취소된 것에 대하여 다시 한번 유감을 표하며 시장님을 비롯하여 행사준비에 많은 노력을 해주신 관계자 여러분께 깊은 감사를 드립니다.

이제 우리는 양국 정부 간 교과서 문제가 빠른 시일 내에 원만하게 해결되길 바라며, 또한 지난 20년 동안 쌓아온 우정과 신뢰를 바탕으로 지금보다 한 차원 더 발전된 교류사업을 통하여 양시 간의 우호친선과 상호이해가 더욱 돈독히 되기를 희망합니다.

아무쪼록 지금까지의 활발한 교류를 바탕으로 앞으로 양시 및 시민들 간에 더욱 내실 있고 신뢰 있는 상호교류가 이루어지기를 바라며 이번을 계기로 양 도시 간 우호증진이 더욱 확대되기를 기대합니다.

끝으로 귀하의 건승과 쓰루가 시민 모두의 번영과 안녕을 기원합니다.

10

날짜 : 2001년 7월 12일
수신 : 鳥取縣 敎育委員會 議長
발신 : 강원도 교육위원회 의장 김원하 외 교육위원 일동

성하(盛夏)의 계절을 맞아 귀 위원회 위원님들의 강녕(康寧)하심을 기원드립니다.

귀 위원회와 강원도 교육청이 자매의 연을 맺은 지도 어언 6년, 세월이 흘러 양 기관 간 돈독한 우호의 정이 날로 깊어가고 있는 때에 즈음하여, 국가적인 현안사항인 역사교과서 왜곡문제로 귀 위원회에 이 서신을 드리게 되어 행여 그동안 쌓아온 우호의 정이 손상되지나 않을까 하여 심히 우려됩니다.

그러나 양 기관 간의 진실된 우호의 관계가 오래오래 지속되기를 바라는 뜻에

서 이 글을 송부하게 됨을 널리 혜량(惠諒)하여주시기 바랍니다.

우리 강원도 교육위원회는 귀국의 '새로운 역사교과서를 만드는 모임'에서 발간하여 검정을 통과한 중학교용 역사교과서가 역사적으로 명백한 침략 사실을 왜곡하였을 뿐만 아니라 제국주의 식민사관에 기초하여 역사를 서술한 것은 군국주의의 재연으로 한반도는 물론 동북아시아 및 세계평화에 큰 위협이 되고 있다는 사실을 특별히 경계하고 있습니다.

이러한 인식에 기초하여 대한민국에서는 그 동안 역사를 왜곡한 교과서의 수정을 요구하는 항의집회와 서명운동, 학술대회 등을 개최하였으며, 왜곡한 교과서의 재수정을 요구하는 내용의 항의각서를 일본정부에 전달한 바 있습니다.

그러나 국내외의 많은 항의에도 불구하고 재수정 불가 방침은 선린우호와 국제평화를 파기하는 행위이며 귀국 정부가 왜곡·편향된 특정 역사관 및 역사교과서를 인정함으로써 그간 수차례 천명한 과거사 반성, 선린우호관계 및 평화를 위한 노력 등은 모두 기만적인 행위로밖에 볼 수 없습니다.

우리는 양국의 자라나는 청소년들이 서로 신뢰하는 가운데 협력하여 다가올 세상을 더욱 밝고 아름답게 만들어나가기를 기대합니다.

지나간 시절 대한민국의 청소년들은 일본을 가장 싫어하는 나라로 생각했으나 최근의 몇 년 간 2002년 한일월드컵(WORLDCUP)의 공동개최, 일본문화개방 등으로 일본을 친근한 나라로 이해하는 경향이 뚜렷해졌습니다.

그러나 이번의 교과서 파동으로 대한민국 청소년들의 일본에 대한 생각은 다시 과거로 돌아가고 있습니다. 우리는 한일 양국의 바람직한 미래를 생각할 때 이러한 현상을 가슴아프게 생각합니다.

이에 우리는 다시 한번 일본의 양심과 상식에 호소합니다.

· '침략'을 '진출'과 '해방'으로 왜곡하는 등 잘못된 교과서가 교실에서 사용되지 않기를!
· 인권과 평화를 무시하고 제국주의를 강조하는 교과서가 학생들에게 강의되지 않기를!

여기 강원도 교직원의 의지를 담은 강원도 교육위원회 교육위원 전원의 요구사항을 송부하오니 왜곡된 역사교과서가 귀 위원회 관내 중학교 교재로 채택됨으로써 양 기관 간의 우호 관계에 금이 가는 일이 없도록, 나아가 귀국의 국제적인 고립과 불행을 초래하는 사태가 도래하지 않도록 귀 위원회에서 적극적으로 노력하여 돗토리현 교육위원회에서는 관내 중학교에서 결코 왜곡된 역사교과서가 채택되지 않도록 적극 협조하여줄 것을 강력히 요구합니다.

아울러 지난 4월 우리 교육위원회가 일본의 역사교과서 왜곡에 대하여 주한일본대사관 등에 보낸 규탄문[7]을 함께 보냅니다.

11

날짜 : 2001년 7월 12일
수신 : 돗토리현 히노정장 이쿠타 히데마사
발신 : 강원도 영월군수 김태수

돗토리현 이쿠타 히데마사 정장님 귀하

성하(盛夏)의 계절인 7월을 맞이하여 생전 정장님을 비롯한 직원 여러분의 안녕과 건승을 기원드립니다.

지난해 뜻하지 않은 일본 서부지역의 대지진으로 인하여 재난을 당한 히노 정민(町民)에 대하여 매우 안타깝게 생각하면서「사랑과 활기 넘치는 마을 만들기」라는 구호 아래 재해복구에 헌신적으로 노력하시는 이쿠타 히노 정장님을 비롯한 히노 정민 모두에게 충심으로 경의를 표합니다.

최근 한·일 간 중요한 외교현안으로 대두되고 있는 귀국의 중학교 역사교과서 검정 및 채택과 관련하여 우리 영월군민들의 대일여론이 날로 심각해지는 상태로서 이를 슬기롭게 해결해나가는 상호간의 노력이 필요하다고 생각합니다.

귀국 정부에서는 양국 간 심각한 외교문제로 대두된 역사교과서의 검정에 이어 7월 16일부터 각 시·정·촌 교육위원회에서 역사교과서를 채택하는 것으로 알고 있습니다. 물론 어떤 교과서를 채택하느냐는 귀정 교육위원회의 자율적인 의사로 결정되는 사안이겠지만 귀정의 교육위원회에서 후소샤의 역사교과서 등 문제가 되고 있는 10종의 역사교과서를 공식채택하지 않도록 정장님의 적극적인 협조를 부탁드립니다.

---

7) 2001년 4월 10일 발표. 이 책 26쪽에 수록.

그 동안 양 군·정 간의 상호우호적인 교류관계가 귀국의 역사교과서 채택과
관련하여 정장님의 현명한 판단과 용기있는 결단으로 가일층 돈독해지기를 기
대합니다.
끝으로 정장님의 건승과 히노정의 무궁한 발전을 기원합니다.

11-1

날짜 : 2001년 7월 12일
수신 : 강원도 영월군 김태수 군수
발신 : 鳥取縣 日野町長 生田秀正

김태수 군수님 귀하
성하의 계절을 맞이하여 김태수 군수님께서는 더욱 건승하시리라 믿습니다.
지난 돗토리현 서부지진 재해시에는 직원 여러분께서 정성어린 격려의 말씀
과 의연금을 보내주신 데 대하여 대단히 고맙게 생각합니다. 그 후 히노 정민은
한마음이 되어 지진복구에 최선의 노력을 기울이고 있습니다.
7월 12일 김태수 군수님께서 협력 요청해주신 일본중학교 역사교과서 문제에
대해서는 군수님께서 말씀하신 바와 같이 해결을 위한 상호의 노력이 필요하다
고 생각합니다.
아시다시피 교과서 채택과 관련해서는 정장의 권한이 미치는 사항이 아닙니
다만 즉시 히노정 교육장에게 군수님의 의향을 전해드렸습니다.
무더운 계절에 김태수 군수님을 비롯한 직원 여러분께서는 건강에 유의하시
어 더 큰 활약 있으시기 기원합니다.

11-2

날짜 : 2001년 9월 11일
수신 : 강원도 영월군수 김태수
발신 : 鳥取縣 日野町長 生田秀正

김태수 군수님 귀하

아침저녁으로 서늘함이 더해가는 초가을 계절을 맞아 김태수 군수님께서는 더욱 건승하시리라 믿습니다.

이번 영월군의 직원 연수가 실현됨을 대단히 기쁘게 생각하며, 지난해 발생한 지진으로 인해 올해는 본 정의 직원을 귀군에 파견하지 못하게 됨을 유감으로 생각합니다.

그리고 일본의 중학교 역사교과서 문제로 인해 김태수 군수님께 심려를 끼쳐 드렸습니다만 히노정 교육위원회에서는 내년도 중학교 역사교과서로서 후소샤의 교과서를 채택하지 않기로 결정했음을 알려드립니다.

끝으로 영월군과 히노정의 상호교류가 착실히 진행되어 우호관계가 한층 돈독해지기를 기대하면서 귀군의 발전과 번영을 진심으로 기원합니다.

13

날짜 : 2001년 7월 12일
수신 : 秋田縣 本莊市長 柳田弘
발신 : 경상남도 양산시장 안종길

일본국 아키타현 혼조시 야기다 히로시 시장 귀하

성하의 계절에 야기다 히로시 시장님을 비롯한 혼조 시민 모두가 건승하리라 생각합니다.

먼저 창포축제와 하나비 대회에 초청하여주신 데 거듭 감사드리며 저희 시에서는 저를 포함한 15명의 방문단이 8. 2~8. 5(3박 4일) 일정으로 귀시를 방문할 예정입니다.

그러나 방문을 앞둔 시점에 귀국의 역사교과서 문제로 국내 여론이 좋지 않아 이번 귀시 방문에 상당히 부담이 되고 있습니다.

저는 평소 "과거는 묻되 역사는 바로 세워야 한다"는 소신을 가지고 있습니다.

시장님께서도 잘 아시고 계시는 바와 같이 한·일 양국은 지리적으로 가까운 거리에 위치하여 오랫동안 문화적으로나 경제적으로 많은 교류관계를 유지해 왔으며, 역사적으로 불편했던 과거를 가지고 있는 것도 사실입니다.

이제 환태평양 시대를 맞는 한·일 양국은 상호협력 관계가 더욱 절실히 요구되고 있고 또한 2002년 월드컵 공동 개최국으로서 세계의 이목을 받고 있습니다.

이러한 시점에 역사교과서 문제는 자칫 양국 간의 관계 악화 소지가 있어 매우 염려스러우며 우호교류 도시로서 유감으로 생각합니다.

저는 이 문제가 그 동안 양시 간의 우애 깊은 교류협력 관계를 저해하는 결과까지 낳지 않기를 진심으로 바랍니다.

아무쪼록 야기다 히로시 시장님께서 각별한 관심을 가지시고 슬기롭게 대처하여 양시의 교류협력 관계가 더욱 돈독히 되는 계기가 되었으면 하는 바람입니다.

끝으로 이번 우리 시 방문단의 귀시 방문이 이러한 모든 문제를 해소하고 양시의 우호교류 증진의 새로운 장이 되길 바라며, 야기다 히로시 시장님의 건승과 귀시의 무궁한 발전을 기원드립니다.

14

날짜 : 2001년 7월 12일
수신 : 히로시마시의회 의장 히라노 히로아키
발신 : 대구광역시 의회 의원 일동

존경하는 히라노 히로아키(平野博昭) 의장님!

대구, 히로시마 양 도시의 우호 협력 발전을 위해 아낌없는 노력과 관심을 기울이고 계시는 히라노 의장님과 의원 여러분께 깊은 감사의 말씀을 드립니다.

지난 1997년 5월 2일 대구시와 히로시마시가 자매결연을 맺은 이래로 달구벌 축제와 히로시마 꽃 축제에 상호 참여하는 등 각종 행사와 문화 교류를 활발하게 해오고 있음을 자랑스럽게 생각하고 있습니다.

현재 한·일 간에 문제가 되고 있는 역사왜곡 교과서에 관하여 우리 시의회의 입장을 전하게 된 점을 이해해주시기 바랍니다.

유감스럽게도 귀국에서는 우리나라와 중국 등 이웃나라의 반대에도 불구하고 '새로운 역사교과서를 만드는 모임'에서 편집한 왜곡된 새 역사교과를 검정 통과시켰습니다.

이에 한국정부를 비롯한 많은 국민들이 이의 시정을 요구하기에 이르렀으며 대구시의회에서도 지난 2001년 4월 12월 귀국의 왜곡된 역사교과서에 대한 우려로 결의문을 만장일치로 채택하여 한국 주재 일본 대사관에 전달한 바 있습니다. 그러나 우리 정부의 시정 요구에 대하여 일본정부는 지난 10일 검정 교과서 재수정 거부라는 답변을 통보해왔습니다.

귀국의 역사교과서 왜곡문제는 우리나라는 물론 중국 등 여러 나라들이 한결같이 수정을 요구하고 있는 사항임을 잘 아시리라 믿습니다.

대구시의회에서는 왜곡된 교과서가 지난 과거의 진실을 왜곡하여 자라나는 일본 학생들에게 올바르게 전하지 못하고 있다고 생각하고 있습니다.

이는 일본의 장래를 위해서도 불행한 일이 될 것이 틀림없습니다. 역사는 있는 사실 그대로 전하는 것이 진정 후손을 위한 것입니다. 일본정부가 책임지고 고쳐야 할 일이라고 생각합니다.

존경하는 히라노 의장님과 의원 여러분!

지금 히로시마시도 중학교 검정 교과서 선택에 있어 교육위원회의 승인 절차만 남겨놓은 것으로 알고 있습니다.

히로시마시는 오랜 전통과 역사를 가지고 있으며 전쟁이란 비극을 극복하고 '세계 평화의 상징적인 도시'로 우뚝 선 것을 잘 알고 있으며 과거사를 객관적으로 평가할 줄 아는 위대하고 현명한 시민들이 가장 많은 도시임을 확신합니다.

저는 히로시마시의 각급 학교에서 역사교과서 채택시 신중한 결정이 있으리라 믿으며 의장님의 깊은 관심과 역할을 기대하고 있습니다.

대구광역시 의원들은 다시 한번 일본의 양심과 상식에 호소합니다!

잘못 기록된 역사교과서가 대구시와 자매결연을 맺고 있는 히로시마시에서는 절대 채택되지 않기를 바라며 이러한 양심 있고 용기 있는 결단이야말로 진정 한국과 일본이 후손 대대로 가까이 지낼 수 있는 근본 뿌리가 됨을 다시 한번 말씀드립니다.

양 도시 간의 교류와 협력이 증진되고, 양국의 왜곡된 역사교과서 문제가 올바른 방향으로 해결될 것으로 기대하면서, 의장님의 건승과 히로시마시 의회의 무궁한 발전을 기원합니다.

감사합니다.

15

날짜 : **2001**년 **7**월 ○일
수신 : 秋田縣 本莊市議會 議長 齋藤好三
발신 : 경상남도 양산시의회 의장

먼저 동북 3대 여름행사로 자리 매김하고 있는 창포(菖蒲)축제와 하나비대회를 진심으로 축하드리며, 사이토 의장님을 비롯한 혼조 시민 모두의 건승을 바랍니다.

지난 1998년에 양시가 우호협정을 맺었습니다만 양시 청년회의소 간 교류로 시작된 협력관계는 어언 20년이 넘는 역사를 가지고 있어 우호의 정이 남다르다 하겠습니다.

또한 한·일 양국은 지리적으로나 문화적 경제적 역사적으로 끊임없이 교류를 해왔으며, 다가오는 2002년 월드컵 공동개최국으로서 양국의 협력관계가 그 어느 때보다도 절실히 요구되고 있는 시점에 있다 하겠습니다.

이러한 때에 역사교과서 문제는 자칫 양국 간의 관계 악화로 치닫고 있는 것 같아 매우 염려스러우며 우호친선도시로서 실로 유감으로 생각합니다.

저는 이 문제가 양국·양시 간에 쌓아온 신뢰와 우의에 손상이 가지 않기를 진심으로 바랍니다. 이러한 때일수록 지방 차원의 교류를 보다 활성화시켜 양국·양 도시 간의 이해를 증진시켜나가는 것이 중요하다고 생각합니다.

아무쪼록 역사교과서 문제에 대해 의회 차원에서 각별한 관심을 가지시고 슬기롭게 대처함으로써 양시의 우호협력 관계가 돈독해지는 계기가 되기를 기대합니다.

끝으로 이번 문제가 조기에 해결되어 양국은 물론 양시의 우호관계가 원만해
지기를 바라며 사이토 의장님의 건승과 귀시의 무궁한 발전을 기원드립니다.

16

날짜 : 2001년 7월 12일
수신 : 山梨縣議會 議長
발신 : 충청북도의회 의장 김진호

일본국 야마나시현의회 의장 귀하

귀 의회 의장님을 비롯한 의원님들의 건강과 무궁한 발전을 기원합니다.

우리 충청북도와 귀현이 자매결연을 맺은 지 오랜 세월 속에 양 도·현 간의
우호의 정이 더욱 돈독해져가고 있는 가운데 최근 국가적인 현안쟁점으로 대두
된 역사교과서 왜곡문제로 인해 서신을 드리게 되었습니다.

양 도·현 간의 진실한 우호관계가 변함없이 지속되길 바라는 마음에서 이
글을 전달하게 됨을 널리 양해하여주시기 바랍니다.

우리 충청북도 의회는 귀국의 '새로운 역사교과서를 만드는 모임'에서 간행한
중학교 역사교과서 내용들이 명백한 침략사실을 왜곡하고 국가주의에 기초하여
역사를 서술함으로써 양국의 선조들이 희생을 치른 대가로 얻은 인권과 평화를
위협하고 있다고 생각합니다.

이러한 인식에서 우리 도의회에서는 그 동안 역사왜곡의 수정을 요구하는 결
의를 한 바 있습니다.

재수정요구에 대해 일본정부가 35개 항목 중 2곳만 수정하겠다는 발표에 대
하여 깊은 실망과 유감을 표명합니다.

우리는 양국의 자라나는 청소년들이 신뢰하고 협력하여 21세기의 동반자로서
미래를 더욱 밝고 아름답게 만들어나가기를 기대합니다.

최근 2002년 한·일 월드컵의 공동개최와 일본문화 개방 등으로 인해 일본을
친근한 이웃나라로 이해하는 경향이 뚜렷해지고 있는 시점에서 이번 교과서 사
건으로 일본에 대한 생각이 다시 과거로 돌아가고 있습니다. 우리는 한·일 양

국의 바람직한 미래를 생각할 때 이러한 현상을 가슴아프게 생각합니다.

이에 따라 충청북도의회에서는 왜곡된 교과서가 학생들의 교재로 사용되지 않도록 적극 조치해줄 것을 희망합니다.

충청북도민의 뜻을 헤아려 왜곡된 역사교과서가 야마나시현의 중학교 교재로 채택됨으로 인해 충청북도와 야마나시현의 우호관계가 훼손되는 일이 없도록 귀 의회에서 적극적으로 노력하여주시기를 충청북도 의회 의원 27명의 뜻을 모아 간곡히 전달합니다.

17

날짜 : 2001년 7월 13일
수신 : 쓰루가시의회 의장 쓰지 히데오
발신 : 강원도 동해시의회 의원 일동

쓰루가시의회 쓰지 히데오(辻秀雄) 의장 귀하

연일 30도가 넘는 폭서가 계속되고 있습니다.

쓰지 히데오 의장님을 비롯한 의원님들의 의정활동에 대한 노고에 경의를 표하며, 우리 대한민국 강원도 동해시 발전에 지속적인 관심과 성원을 하여주시는 귀하께 감사를 드립니다.

귀시와 우리 동해시는 1981년 4월 13일 자매의 결연을 맺고 선린우호와 공동번영을 위해 상호협조하면서 양시 간의 돈독한 우호의 정을 쌓아오고 있습니다.

그 동안 공무원 연수, 초등학생 교환방문 등 여러 분야에서 상호협력하면서 동반자적 관계를 발전시켜온 우호의 정이 일본역사교과서 왜곡문제로 손상되지 않을까 심히 우려됩니다.

그러나 양국 자매도시 간의 진실된 우호의 관계가 지속되기를 바라는 뜻에서 이 글을 송부하게 됨을 이해하여주시기 바랍니다.

한국에서는 그 동안 역사왜곡의 수정을 요구하는 항의집회와 서명운동, 학술회의 등이 개회되었으며, 왜곡된 교과서의 수정을 요구하는 내용을 일본정부에 전달한 바 있습니다. 그러나 주변국의 많은 항의에도 불구하고 '새로운 역사교과서를 만드는 모임'의 역사교과서가 검정에 통과하여, 이제 지방교육위원회의 채택 절차만 남겨놓고 있습니다.

이것은 냉전체제가 화해무드로 전환되고 있는 현 시점에서 동아시아의 평화를 위협할 수 있는 심히 우려되는 쟁점으로 부각되었습니다.

의장님께서도 잘 아시는 바와 같이 역사란 일시적인 국가, 민족관에 바탕한 관점이나 해석으로 그 진실이 왜곡되어서는 안 된다고 생각합니다. 그리고 역사적 진실은 바르게 정립해야 되는 것 또한 현 시대에 살고 있는 우리들의 의무이며 인류사의 교훈이라 믿습니다.

오늘날 하나가 된 지구촌이 공동으로 번영해가면서 미래의 희망차고 평화로운 인류역사를 열어가기 위해서는 일본정부가 가슴을 열고 과거의 역사를 진실 그대로 후세들에게 가르치고, 이러한 바탕 위에서 양국의 선린우호관계를 계속 발전시켜나가야 할 것입니다. 이 점 의장님의 적극적인 관심과 협조가 있으시길 바라면서 또한 우리 정부의 의지와 동해시가 바라는 입장을 귀시 교육위원회에 잘 전달하셔서 왜곡된 역사교과서 채택으로 후세들이 그릇된 역사를 배우는 일이 없도록 협조하여주시기 바랍니다.

거듭 바라건대 한일 양국, 좁게는 오랜 우의를 다져온 귀시와 동해시 간의 우호 관계가 더욱 발전될 수 있기를 바라며 상호협력을 통한 공동번영이 영원히 지속될 수 있도록 진심으로 바라면서 쓰루가시의 발전과 의장님을 비롯한 쓰루가시민들의 행복을 기원합니다.

18

날짜 : 2001년 7월 13일
수신 : 토하쿠정장 요네타 요시토
발신 : 강원도 인제군수 이승호

요네타 요시토 토하쿠(東伯) 정장님 귀하

안녕하십니까?

시간이 흐를수록 양 군·정 간 우호교류의 증진을 위해 많은 관심과 깊은 배려에 항상 감사하고 있습니다.

최근 한·일 간 중요한 외교현안으로 대두되고 있는 귀국의 중학교 역사교과서 검정 및 채택과 관련하여 최근 우리 군민들의 여론과 동향이 매우 심각한 상태로서 더이상 이 문제에 대하여 방관할 수 없어 우리의 뜻을 전하고자 합니다.

앞으로 이 문제가 슬기롭게 해결되지 않을 경우에는 양 군·정 간의 국제교류사업 추진에 많은 어려움이 예상되기에 상호의 이해와 노력이 절대 필요하다고 생각합니다.

귀국 정부에서는 양국 간 심각한 외교문제로 대두되었던 역사교과서 검정에 이어 7월 16일부터 각 시정촌 교육위원회에서 역사교과서를 채택하는 것으로 알고 있습니다.

그러므로 가장 왜곡이 심한 후소샤가 간행한 역사교과서 등 문제가 되고 있는 10종의 문제 교과서를 채택하지 말아주실 것을 정식으로 당부드립니다

그리고 앞으로 추진하게 될 소년스포츠 교류(7. 30～8. 1), 돗토리현 중부 정촌 부정장단 내군(來郡) 등 일련의 교류사업들은 이 문제기 인만치 해결될 때까지 무기연기할 것을 정장님께 제의하면서 정장님의 현명한 판단을 기대합니다.

끝으로 토하쿠정의 무궁한 발전과 정장님의 건강을 기원합니다.

19

날짜 : 2001년 7월 12일
수신 : 兵庫縣 姬路市長 堀川和洋
발신 : 경상남도 마산시장 황철곤

존경하는 호리카와 시장님.

50만 마산시민을 대표하여 시장님께 따뜻한 인사를 드립니다.

우리 양시가 자매결연을 맺은 지 1년 3개월이란 짧은 기간이지만 서로의 발전을 위하여 공동 관심사항을 성실하고 착실하게 추진하여 상호 교류증진을 위하여 노력해왔음을 가슴 뿌듯하게 생각합니다.

다름이 아니고 양국 간에 문제가 되고 있는 역사왜곡 교과서에 대하여 본인 및 마산시민의 뜻을 전달하고자 합니다.

역사란 인간사회가 거쳐온 변천의 모습을 있는 그대로 기록한 것으로서, 역사적 진실은 반드시 밝혀진다는 것이 인류사회의 교훈으로서 귀국에서는 국민들

에게 진실을 가르쳐야 할 의무가 있다고 봅니다.

근일에 역사왜곡 교과서 문제로 자매도시인 양시 간에 그 동안 성실하게 추진하던 교류사업의 신뢰감에 자칫 상처를 줄까봐 과히 염려스럽습니다.

호리카와 시장님.

지구촌 공동번영의 새로운 역사를 위하여서도 과거사를 진실 그대로 후세에게 가르칠 수 있도록 시장님께 각별한 관심과 협조를 당부드리면서 역사왜곡 교과서 문제가 원만하게 매듭지어져 양 도시 간의 우호가 가일층 증진되기를 기대해 마지않습니다.

끝으로 히메지시의 무궁한 발전과 시장님의 건승을 기원합니다.

감사합니다.

20

날짜 : 2001년 7월 14일
수신 : 鳥取縣 智頭町長 土谷誠一郎
발신 : 강원도 양구군수 임경순

양구군과 치즈정의 우호교류증진을 위해 적극적으로 협조하여주시는 데라타니 정장님께 진심으로 감사드립니다.

양구군과 치즈정은 지난 1999년 우호제휴협정을 체결한 이래 그 어느 지역보다도 깊은 우의로써 활발한 교류협력사업을 추진해오고 있습니다.

그러나 양 지역의 돈독한 우호의 정이 날로 깊어가고 있는 이 시기에 한·일 간 중요한 외교현안인 역사교과서 문제로 이 서신을 보내게 된 점 매우 안타깝게 생각하며 정장님의 넓으신 마음으로 양해해주시기 바랍니다.

7월 16일부터 귀국의 각 시정촌 교육위원회에서 채택하는 역사교과서는 각 교육위원회의 자율적인 의사로 결정되는 사안이겠지만, 교과서 채택시 후소샤가 발행하는 역사교과서 등 문제가 되고 있는 10종의 교과서를 공식채택하지 않도록 정장님의 적극적인 협조를 부탁드립니다.

아울러 왜곡된 교과서 문제로 전국은 물론 귀국과 교류하고 있는 강원도를 비롯한 도내 전 시군이 교과서 문제가 원만히 해결될 때까지 금년 하반기에 계획된 모든 교류행사를 취소 또는 연기하였으며, 우리 군도 이러한 사정에 따라 부득이하게 8월 3일～7일까지 계획된 청소년 교류행사를 잠정 연기하고자 제의하오니 정장님께서 우리 군의 입장을 충분히 이해하여주시기 바랍니다.

중학교의 역사교과서 채택은 자라나는 청소년들에게 올바른 역사관을 심어주기 위한 매우 중요하고 민감한 사안으로서 양 지역이 이 문제를 슬기롭게 극복하여 모범적인 선례를 만들 수 있도록 각별한 관심을 기울여주실 것을 다시 한번 요청합니다.

정장님의 건승하심과 치즈정의 무궁한 발전을 기원합니다.

20-1

날짜 : 2001년 8월 3일
수신 : 강원도 양구군수 임경순
발신 : 돗토리현 치즈정장 데라타니 세이치로

성하의 계절을 맞아 연일 무더운 날씨가 계속되고 있습니다만 임경순 군수님의 건승하심을 경하드립니다.

양구군과 치즈정은 1999년 10월에 우호제휴를 체결한 이후 청소년 교류를 비롯하여 친선교류사업을 촉진시켜왔으며 금년도에도 각종 사업을 계획하고 있는 중입니다.

이같은 시기에 일본과 한국의 중요 외교사항인 교과서문제로 지금까지 쌓아온 깊은 우호관계를 잠정적이기는 하지만 연기하기는 어렵다는 판단을 내리신 군수님의 마음은 충분히 이해가 갑니다. 저도 진심으로 안타깝습니다만 어쩔 수 없는 일이라고 생각합니다.

치즈정 2002년도 '중학교 사회의 역사적 분야'의 치즈정 교육위원회 채택심의 결과 도쿄서적의 『새로운 사회 역사』가 채택되었기에 보고드립니다.

지금까지의 교류는 흔들림이 없었으며 교류는 상호지역을 더욱 깊이 이해하기 위해서 없어서는 안 된다고 생각합니다. 특히 앞으로의 시대를 짊어질 청소년 교류는 필요한 것입니다. 이를 위해 더욱더 깊은 교류를 촉진시켜가고자 합니다.

하루빨리 이 교과서문제가 원만히 해결되어 양구군과 치즈정이 지금 이상으로 단단한 우호교류의 기반이 맺어지길 바라는 마음입니다.

연일 혹서가 계속되고 있습니다만 건강에 충분히 유의하시고 임 군수님의 건승과 양구군의 무궁한 발전을 기원드립니다.

21

날짜 : 2001년 7월 14일
수신 : 鳥取縣 日野町議會 議長 梅林豊
발신 : 강원도 영월군의회 의장 엄기영

의장님의 건강과 히노초의회의 무궁한 발전을 기원합니다.

지난해 급작스런 지진으로 인한 인명과 시설 피해는 어느 정도 복구가 되었는지요.

피해를 당한 이재민과 주민들에게 거듭 위로의 말씀을 드립니다.

우리 영월군과 귀정이 상호 교류의 연을 맺은 지 4년 여의 세월 속에 양 군·정 간의 우호의 정이 더욱 돈독해져가고 있는 가운데 최근 국가적인 현안 쟁점으로 대두된 역사교과서 왜곡문제로 인해 서신을 드리게 되었습니다.

양 군·정 간의 진실한 우호관계가 변함없이 지속되길 바라는 마음에서 이 글을 전달하게 됨을 널리 양해하여주시기 바랍니다.

한·일 양국은 지리적으로나 문화·정서적으로 가장 가까운 이웃입니다. 양국의 국익과 세계평화에 이바지하고 미래를 짊어지고 나갈 청소년에게 역사를 제대로 가르치는 것이 중요한 일이라 생각하며 이러한 바탕 위에서 우리는 양국의 자라나는 청소년들이 신뢰하고 협력하여 21세기의 동반자로서 미래를 더욱 밝고 아름답게 만들어나가기를 기대합니다.

지난 시절 한국의 청소년들은 일본을 싫어하는 나라로 인식하였으나 최근 2002년 한·일 월드컵(WORLDCUP)의 공동개최와 일본문화 개방 등으로 일본을 친근한 이웃나라로 이해하는 경향이 뚜렷해졌습니다.

그러나 이번 교과서 사건으로 학생들을 비롯한 모든 국민들의 일본에 대한 생각이 다시 과거로 돌아가고 있으며, 우리는 한·일 양국의 바람직한 미래를 생각할 때 이러한 현상을 가슴 아프게 생각합니다.

이러한 분위기 속에서 귀정이 왜곡된 교과서를 채택할 경우 월드컵 공동개최 등 우호적 분위기와 두 지자체 간 선린관계가 훼손되지 않을까 심히 우려되고 있습니다.

이제 귀국에서는 양국의 심각한 외교문제로 대두된 역사교과서 검정에 이어, 7월 16일부터 각 시정촌 교육위원회에서 역사교과서를 채택하는 것으로 알고 있습니다.

물론 교과서 채택은 귀정 교육위원회의 자율적인 의사로 결정되는 사안이겠습니다만, 귀정의 교육위원회에서 후소샤가 발행하는 역사교과서 등 10종의 문제되고 있는 역사교과서를 공식 채택하지 않도록 의장님의 석극직인 지원과 협조를 부탁드립니다.

우리는 그 동안 양 군·정 간에 이어져온 우호교류를 앞으로도 더욱 좋은 관계로 발전시켜 양국 자치단체 간 교류 협력의 새로운 이정표를 세워갈 것이라 봅니다.

의장님의 현명하신 판단으로 양국 정부 차원의 문제를 지방차원에서 극복해 내는 모범을 만들 수 있게 되기를 기대하며, 거듭 부탁드리기는 영월군민의 뜻을 헤아려 왜곡된 역사교과서가 히노초의 중학교 교재로 채택됨으로 인해 영월군과 히노초 간의 우호관계가 훼손되는 일이 없도록 귀 의회에서 적극적으로 노력하여주시기를 영월군 의회 의원 9명의 뜻을 모아 간곡히 전달합니다.

22

날짜 : 2001년 7월 14일
수신 : 山梨縣 知事 天野建
발신 : 충청북도 지사 이원종

존경하는 야마나시현 야마노 겐 지사님께
만물이 일년 중 가장 활발한 생명력을 발휘하는 여름철을 맞아 지사님과 90만

현민 여러분에게 행복이 함께 하시길 기원합니다. 아울러 현민 여러분의 존경과 신뢰 속에 야마나시현의 발전을 이끌고 계시는 지사님께 경의를 표하며 충북의 번영과 양 지역의 우호증진에 노력해주신 데 대하여 깊은 감사를 드립니다.

자매결연 10주년을 맞는 동안 귀현과 충청북도는 경제와 문화는 물론 인적 교류 등을 통해 상호 이해와 협력의 장을 넓혀왔고, 그 동안 이룩한 터전은 지구촌이 한가족이 되는 새로운 천년을 맞아 더욱 공고한 협력의 틀을 마련하는 계기가 되었다고 믿습니다. 국가적으로도 월드컵 공동개최, 문화개방 등 긴밀한 양국 관계가 이루어지고 있음은 뜻 깊은 일이 아닐 수 없습니다.

그러나 저는 최근에 귀국의 역사교과서 왜곡문제가 확산되면서 지금까지 굳게 다져온 양 지역 간의 선린우호관계가 훼손되지 않을까 깊이 우려가 됩니다.

저는 '역사란 미래를 설정하는 좌표'라고 믿고 있습니다. 이 말은 지나온 발자취에 대한 올바른 인식만이 앞으로 나아갈 방향을 정확하게 제시해준다는 의미입니다. 미래의 주인공인 젊은이들에게는 더더욱 정확한 역사인식이 필요하다고 생각합니다.

이러한 의미에서 저는 이번 역사교과서 문제를 풀어나가는 데 지사님의 높으신 경륜과 지혜를 발휘해주시길 바라며 야마나시현 내의 각급 학교에서 왜곡된 교과서를 채택하지 않도록 지도해주시기를 부탁드립니다.

이번 일의 원만한 협조로, 자매결연을 통하여 세계 그 어떤 지역보다 긴밀한 관계를 유지해온 귀현과 충청북도가 앞으로 더더욱 탄탄한 공동번영의 기틀을 다질 수 있기를 바랍니다. 다시 한번, 귀현의 무궁한 발전과 지사님을 비롯한 현민 여러분 모두의 건승을 기원합니다.

안녕히 계십시오.

22-1

날짜 : 2001년 7월 19일
수신 : 충청북도 지사 이원종
발신 : 야마나시현 지사 야마노 겐

대한민국 충청북도 이원종 지사 귀하

더운 여름, 이원종 지사님께서 더욱 건강하시길 기원합니다.

현재 역사교과서를 둘러싸고 한·일 양국 간에 곤란한 문제가 일어나고 있는 것에 대하여 진심으로 유감스럽게 생각하며 이 문제가 양국 정부의 현명한 노력으로 하루빨리 해결되길 간절히 희망하고 있습니다.

그리고 지사님께서 보내신 7월 14일자 서한 내용에 대해서는 야마나시현 교육위원회에 전달한 바 있습니다만 시·정·촌립(町村立) 초·중학교에서 사용하는 교과서의 채택권한은 학교의 설치권자인 시·정·촌 교육위원회에 있다는 저희 나라의 제도를 이해해주시기 바랍니다.

귀도와 본 현은 1992년에 자매결연 체결을 한 이래, 문화·스포츠·경제 등 폭넓은 분야에 있어서 교류사업을 실시함으로써 우호를 깊게 하여왔습니다. 이러한 10년 간에 걸친 교류성과는 양 도·현민이 가진 커다란 재산입니다.

저는 앞으로도 상호 신뢰와 협력을 통해 이 재산을 보호하고 장래를 향해 크게 키워나가기를 바라고 있습니다.

금번 교과서문제로 인해 귀도와 본현 간의 우호교류가 훼손되지 않기를 희망하며, 아울러 이와 같은 때일수록 지방자치단체 및 민간의 교류를 추진하여 양 도·현의 유대를 보다 견고히 하는 것이 중요하다고 생각합니다.

귀도와의 우호관계가 금후 더욱 발전하기를 희망합니다.

귀하의 앞날에 보다 큰 건승과 활약을 기원합니다.

22-2

날짜 : 2001년 8월 22일
수신 : 일본 야마나시현 지사 야마노 겐
발신 : 충청북도 지사 이원종

야마노 겐 지사님께

성하의 더위도 차츰 물러가고 어느덧 신선한 가을의 문턱으로 접어들었습니다.

이러한 변화의 계절에 지사님께서 더욱 건강하시길 기원합니다

일본 역사교과서 채택 결정에 즈음하여 저는 야마나시현 내 단 한 곳의 시·정·촌 교육위원회도 왜곡된 중학교 역사교과서를 채택하지 않았다는 소식을 전해들었습니다.

이번 교과서 문제가 원만히 해결될 수 있도록 물심양면으로 협조해주신 지사님께 진심으로 감사드립니다.

우리 도민 모두는 이번 일을 계기로 지사님을 비롯한 야마나시 현민들의 따뜻한 자매애(姉妹愛)와 건강한 역사의식을 잘 느낄 수 있었습니다.

또한 자매결연 체결 10주년을 앞두고 양 도·현민이 금번 문제를 슬기롭게 해결하는 모습을 보여줌으로써 "10년의 교류"가 양 지역민의 큰 재산임을 다시 한번 확인하는 소중한 기회가 되었다고 생각합니다.

저는 이러한 상호신뢰 관계를 바탕으로 각종 교류사업이 이전보다 활발히 추진되어 양 도·현 간의 유대와 협력을 더욱 돈독히 하는 동시에 양 지역의 공동 발전을 이끌어낼 수 있게 되기를 바라고 있습니다.

다시 한번 협조와 후의에 감사드리며 지사님의 건승과 야마나시현의 무궁한 발전을 기원합니다.

23

날짜 : 2001년 7월 16일
수신 : 香川縣 高賴町長 前川和昭
발신 : 경상남도 합천군수 강석연

일본국 카가와현 타카세정 마에카와 카즈아키 귀하

성하의 계절에 정장님을 비롯한 정민 모두의 건승을 기원드립니다.

귀정(町)과 우리 군은 1996년 우호교류협정 체결 이래 여러 분야에서의 교류활동을 통해 상호 이해와 우정을 돈독히 쌓아오고 있습니다.

저는 이 점을 매우 마음 든든하게 생각하며 정장님과 귀 정의 정민에게 무한한 우의를 간직하고 있습니다.

최근 일본 역사교과서의 왜곡 기술을 둘러싸고 한·일 양국 간에 불신과 갈등이 크게 빚어지고 있습니다. 이러한 상황은 양 국민들이 그 동안 쌓아온 상호간의 긴밀한 유연 관계를 해칠 수도 있어 참으로 염려스럽습니다.

정장님께서도 잘 아시고 계시는 바와 같이 역사란 일시적인 국가·민족관에 바탕을 둔 관점이나 해석으로 그 진실이 바뀌어서는 안 된다고 생각합니다. 인류 역사의 교훈을 보더라도 역사적 진실은 반드시 밝혀지게 되는 것이므로 현시대를 살고 있는 우리는 역사적 사실을 진실에 근거하여 바르게 전하여야 할 의무가 있다고 생각합니다.

이제 하나된 지구촌이 공동으로 경영해가면서 미래의 맑고 희망찬 인류 역사를 열어가기 위해서는 일본정부가 가슴을 열고 과거의 역사를 진실 그대로 자라나는 세대들에게 가르치고, 이러한 바탕 위에서 양국의 선린우호관계를 계속 발전시켜나가야 할 것으로 생각합니다. 이 점에 대해 정장님의 적극적인 관심과 협조가 있으시기를 간곡히 부탁드립니다.

끝으로 이번 역사교과서 문제가 지혜롭게 해결되어 양국은 물론 양 군·정의 우호교류 증진의 새로운 장이 되기를 바라며, 정장님의 건승과 귀정의 무궁한 발전을 기원드립니다.

24

날짜 : 2001년 7월 16일
수신 : 大分縣 宇佐市[8]長 時枝正昭
발신 : 경상북도 경주시장

　근계(謹啓) 시하(時下) 성하지절(盛夏之節)을 맞이하여 도키에다 시장님의 금안(錦安)하심을 경하(慶賀)드리며, 항상 경주・우사 양시의 우호증진과 친선교류를 위해 노력해주심에 대하여 진심으로 감사를 드립니다.

　양시는 1992년 7월 3일 우호도시로 결연한 이래,[9] 다방면에 걸쳐 폭넓은 교류를 통해 두터운 신뢰를 쌓아왔으며, 이는 한・일 양국의 선린우호관계의 발전에도 크게 기여해왔다고 생각합니다. 이 점에 대하여 저를 비롯한 30만 경주시민들은 우사 시장님과 귀 시민들에게 따뜻한 우정을 지니고 있습니다.

　시장님께서도 잘 아시겠지만, 최근 한・일 양국 간에 일본의 새로운 역사교과서 기술을 둘러싸고 불신과 갈등의 조짐이 일어나고 있음에 대하여 매우 안타깝게 생각하고 있습니다. 자칫 이러한 문제로 지금까지 쌓아온 신뢰관계에 금이 가지나 않을까 심히 염려되고 있습니다.

　특히 한국에서는 귀국의 후소샤에서 출판한 '새로운 역사교과서'가 한국과 관련된 역사를 상당부분 왜곡하고 있다고 판단하고 있습니다. 귀시에서는 한일 양국의 바람직한 미래와 경주시와의 우호적인 관계를 고려하여, 향후 이러한 교과서가 채택되는 일이 없도록 시장님의 각별한 관심과 이해 있으시기를 부탁드립니다.

　아무쪼록 "비 온 뒤에 땅이 더 굳어진다"는 말이 있는 것처럼, 이번의 사태가 한・일 간의 올바른 역사를 재정립함으로써, 21세기에는 진정으로 "가깝고도 가까운 이웃나라"로 거듭나는 계기가 될 수 있기를 염원합니다.

　끝으로 역사와 문화를 자랑하는 우사시의 무궁한 발전과 시장님을 비롯한 시

---

8) 사가(佐賀)현 간자키(神埼)정, 효고(兵庫)현 이즈시(出石)정, 후쿠이(福井)현 오바마(小浜)시
9) 사가현 간자키정 - 양 시・정은 2000년 4월 25일 '요시노가리 유적'의 인연으로 우호결연한 이래. 효고현 이즈시정 - 양시는 1991년 11월 7일 우호도시로 결연한 이래. 후쿠이현 오바마시 - 양시는 1977년 2월 13일 자매도시로 결연한 이래. 이하 내용은 거의 동일함.

민들의 행복을 기원합니다.

25

날짜 : 2001년 7월 16일
수신 : 和歌山縣 那賀郡 那賀郡町村長
발신 : 제주도 남제주군 군수 강기권

일본국 와카야마현 나가군 나가군정촌 회장 귀하

나카무라(中村愼司) 나가군정촌 회장님 안녕하십니까?

　무더위가 기승을 부리는 계절에 회장님의 건승과 나가군의 무궁한 발전을 진심으로 기원합니다.

　항상 남제주군과 나가군 양 도시 간 선린우호 증진을 위하여 헌신적으로 노력해주시는 나카무라 나가군정촌 회장님께 심심한 경의를 드리면서, 귀국의 역사 교과서에 대한민국과 제주도에 대한 내용이 왜곡되게 표현 기술된 것에 대하여 8만 군민과 함께 매우 유감스럽게 생각하면서 귀 지역 교육위원회와 협의 왜곡 내용에 대한 수정 등이 될 수 있도록 적극 협력하여주시기를 원합니다.

　이번 일로 대한민국과 일본 그리고 남제주군과 나가군의 선린우호관계가 불편해지는 것을 원치 않습니다. 하지만 잘못된 것에 대해서는 이를 바로잡는 조치가 있어야 양국의 관계는 더욱 깊어질 것입니다.

　21세기는 화해와 협력을 바탕으로 인류가 함께 공존하고 공동번영을 이루어나가는 세기입니다. 세계인류가 더불어 함께 사는 열린 시대에 역사를 왜곡하고 그 내용을 후손들에게 교육해나간다는 것은 자매결연 기관 간의 우호협력에 지장이 있음은 물론 선진국민이 취할 도리가 아니라고 여깁니다.

　아무쪼록 그 동안 나가군과 남제주군이 쌓아올린 우호관계가 계속 유지되기를 바라면서 문제해결에 적극 협력하여주시기를 거듭 당부드립니다.

　나가군의 무궁한 발전과 나카무라 회장님을 비롯한 군민 여러분께 항상 건강과 행운이 함께 하시기를 기원합니다.

26

날짜 : 2001년 7월 18일
수신 : 鹿兒島縣議會 議長 溝口宏仁
발신 : 전라북도의회 의장 허영근

일본 가고시마현의회 미조구치 히로히토 의장 귀하

먼저 존경하는 미조구치 의장님의 편안하심과 가고시마현 의회의 무궁한 발전을 기원합니다. 가고시마현과 우리 전라북도는 1989년부터 자매결연을 맺어 왔고 양 도·현 의회 간에도 지난 2001년 6월 5일 교류협력에 관한 합의서를 체결하는 등 우의를 돈독히 하고 있으며 활발한 교류를 통하여 양 도·현을 발전시키고 있습니다.

그러나 잘 아시는 바와 같이 최근 우리 정부가 왜곡된 일본 역사교과서에 대하여 수차 수정을 요구했으나 일본정부가 거부한 데 대하여 우리 국민은 큰 충격으로 받아들이고 있으며 우리 도의회에서도 매우 실망스럽게 생각하고 있습니다.

이와 관련하여 우리 전라북도 의회에서는 2001년 3월 5일 일본국의 역사교과서 왜곡 중단 촉구결의문을 채택한 데 이어 지난 7월 13일에는 일본 역사교과서 왜곡에 대한 항의 성명서도 채택한 바 있습니다.

본인은 이러한 국민적 여론과 정서를 의장님에게 알려드리오니 충분히 감안하시어 일본국의 역사교과서가 반드시 올바르게 수정될 수 있도록 의회 차원에서 적극 대처해주시기 바랍니다.

의장님의 탁월하신 정치력에 본인과 우리 의원들은 큰 기대를 걸고 있습니다.

일본국의 역사교과서가 하루속히 수정되어 국민적 상처를 치유함과 동시에 양 도·현 의회의 교류가 원만하게 지속될 수 있기를 우리는 희망합니다.

의장님을 비롯한 모든 의원님들의 건승을 기원합니다.

27

날짜 : 2001년 7월 19일
수신 : 岐阜縣 大垣市長 小川敏
발신 : 경상남도 창원시장 공민배

'물과 녹색과 정보, 매력이 넘치는 생활 문화 도시, 오가키시' 건설을 위하여 헌신적으로 노력하시면서 우리 시와의 우호협력증진을 위해 관심과 배려를 아끼지 않으시는 시장님께 경의와 감사를 드립니다.

오가키시와 우리 시는 일찍부터 우호협력 관계를 맺어 양 도시 간의 우의와 공동번영을 위해 그 동안 많은 분야에서 상호 협력과 교류를 통하여 신뢰를 쌓아오고 있습니다.

저는 이 점을 매우 마음 든든하게 생각하면서 시장님과 오가키 시민들에게 무한한 우의를 간직하고 있습니다.

그러나 그 동안 한·일 양국이 많은 분야에서 상호협력을 하면서 미래 지향적 관계를 유지해왔으나, 최근 한·일 간에 "일본 역사교과서 기술"을 둘러싸고 국가 간의 불신과 갈등이 크게 빚어지고 있으며, 또한 이러한 불신과 갈등이 전국으로 확산되어 지방자치단체, 사회단체 등에서도 한·일 간 교류를 중단, 혹은 유보조치를 취하고 있는 실정입니다.

이러한 상황은 한·일 양국이 쌓아온 서로간의 신뢰에 자칫 상처를 줄 수도 있으며, 특히 오가키시와 우호협력 관계를 맺어 우의와 상호협력, 교류를 다져온 우리 창원 53만 시민과 저는 이번 일본 역사교과서 기술과 관련 양국관계가 악화되는 것을 보면서 안타까운 마음 금할 수가 없습니다.

시장님께서도 잘 아시는 바와 같이 "역사"란 일시적인 국가·민족관에 바탕을 둔 관점이나 해석으로 그 진실을 바꿔서는 안 된다고 생각합니다. 그리고 역사적 진실은 반드시 밝혀지게 되는 것 또한 인류사의 교훈이라 믿습니다.

오늘날 하나가 된 지구촌이 공동으로 번영해가면서 미래의 희망차고 평화로운 인류역사를 열어가기 위해서는 일본정부와 국민이 일본의 미래를 짊어지고 나갈 젊은 세대들에게 과거 역사를 있는 그대로 객관적이고 올바르게 가르침으로써 장차 이들이 양국은 물론 주변국가들과 선린우호관계를 유지하고 세계평화와 번영에 기여할 수 있도록 해야 할 것입니다.

이러한 사항을 참작하시어 시장님께서는 역사교과서 문제가 더이상 확대되지 않고 원만히 해결될 수 있도록 협조하여주시기를 부탁드립니다.

오랫동안 우의를 다져온 우리 시와 오가키시 간의 우정과 상호협력을 통한 공동번영이 영원히 지속될 수 있기를 진심으로 바라면서 오가키시의 발전과 시장님을 비롯한 시민들의 행복을 기원합니다.

28

날짜 : 2001년 7월 19일
수신 : 島根縣 松江市長
발신 : 경상남도 진주시장 백승두

1. 귀시의 무궁한 발전을 기원합니다.

2. 귀시와 우리 진주시는 1999년 국제우호도시 협정체결 이후 행정, 문화예술, 농업 등 다방면의 교류를 통해 양시의 우호협력증진에 기여하여왔으며 특히 금년에는 청소년 스포츠를 통하여 교류를 한층 심화 발전시키고자 노력하고 있습니다.

3. 그러나 양국 간에 대두되고 있는 일본의 역사교과서 문제와 관련하여 한국정부와 국민은 왜곡된 역사를 바로잡도록 요구하고 있으며 거기에 따른 국민 감정도 악화되어 있습니다.

오늘날 하나된 지구촌이 공동으로 번영해가면서 미래의 희망차고 평화로운 인류역사를 열어 가기 위해서는 일본정부가 가슴을 열고 과거의 역사를 진실 그대로 후세들에게 가르치고 이러한 바탕 위에서 양국의 선린우호관계를 계속 발전시켜나가야 할 것입니다

따라서 역사교과서 문제가 원만히 해결되지 않으면 양시의 교류도 원만하지 못할 것으로 판단되며 이와 관련하여 다음달에 있을 우리시 탁구선수단의 귀시 파견을 보류코자 하오니 귀시의 적극적인 협조가 있으시기를 부탁드립니다.

29

날짜 : 2001년 7월 19일
수신 : 鹿兒島縣 知事 須賀龍郎
발신 : 전라북도 지사 유종근

스가 타츠로 가고시마현 지사님

저희 전라북도와 도민들에게 늘 깊은 관심과 우의를 보내주신 데 대하여 감사를 드립니다.

저희 전라북도와 가고시마현은 지난 1989년 자매결연을 체결한 이래 10년이 넘게 우의를 다져왔으며, 금년 9월에 개최될 '제5회 전라북도·가고시마 교류협의회'는 양 도·현의 모범적인 우호관계를 동북아에 과시하게 될 것으로 믿습니다.

그러나 최근 역사교과서 문제로 인하여 한·일 간 우호선린관계가 시련에 직면하고 있는 것 같습니다.

저는 이러한 상황을 유감으로 생각하면서 오랜 친구 사이인 전라북도와 가고시마현이 지혜를 모아 이 어려운 상황을 슬기롭게 극복해나가야 된다고 생각합니다.

아무쪼록 금번 역사교과서 문제를 지사님과 함께 우정으로 극복하고자 하오니, 가능하시다면 가고시마현 내의 시·정·촌에서 문제의 역사교과서가 채택되지 않도록 지사님께서 각별한 노력을 해주실 것을 정중하게 요청드리는 바입니다.

마지막으로 지사님과 가고시마현의 건승을 기원합니다.

감사합니다.

29-1

날짜 : 2001년 7월 31일
수신 : 전라북도 유종근 지사
발신 : 가고시마현 지사 스가 타츠로

근계(謹啓)

유종근 지사님의 무궁한 발전과 번영을 기원합니다.

또한 전부터 전라북도와 본현과의 교류촉진에 많은 노력을 경주해주셔서 진심으로 감사를 드립니다.

그런데 역사교과서 문제를 계기로 청소년 교류를 비롯한 한일 간의 각종 교류에 영향을 주고 있는 지금의 상황에 대하여 저도 매우 유감스럽게 생각하고 있습니다.

이번에 귀하께서 보내주신 친서에 대해서는 현 교육위원회에 전달하였고, 또한 현내 언론매체에도 보도되었습니다.

귀도와 본현과는 우호협력의 추진에 관한 공동선언을 조인한 이래, 10년 이상에 걸친 우호관계를 유지하고 있고, 저도 이제까지의 우호선린관계를 기반으로 올해 9월에 가고시마에서 개최되는 교류회의를 비롯한 양 도·현 간의 상호교류가 이 난국을 극복하고 앞으로도 더욱 전진해갈 수 있도록 노력을 경주하려고 합니다.

끝으로 귀하와 전라북도민의 건승과 발전을 진심으로 기원합니다.

29-2

날짜 : 2001년 7월 19일
수신 : 石川縣 知事 谷本正憲
발신 : 전라북도 지사 유종근

타니모토 마사노리 이시카와현 지사님

저희 전라북도와 도민들에게 늘 깊은 관심과 우의를 보내주신 데 대하여 감사를 드립니다.

저희 전라북도와 이시카와현은 본격적인 우호교류의 시기에 접어들고 있다고
생각하며, 특히 오는 9월 귀현에서 개최 예정인 '전라북도 주간' 행사시 조인할
'우호교류에 관한 의정서'는 양 도·현의 교류를 더욱더 발전시켜나갈 것이라고
믿습니다.

그러나 최근 역사교과서 문제로 인하여 한·일 간 우호선린관계가 시련에 직
면하고 있는 것 같습니다.

저는 이러한 상황을 유감으로 생각하면서 오랜 친구 사이인 전라북도와 이시
카와현이 지혜를 모아 이 어려운 상황을 슬기롭게 극복해나가야 된다고 생각합
니다.

아무쪼록 금번 역사교과서 문제를 지사님과 함께 우정으로 극복하고자 하오
니, 가능하시다면 이시카와현 내의 시·정·촌에서 문제의 역사교과서가 채택
되지 않도록 지사님께서 각별한 노력을 해주실 것을 정중하게 요청드리는 바입
니다.

마지막으로 지사님과 이시카와현의 건승을 기원합니다.

감사합니다.

29-3

날짜 : 2001년 7월 ○일
수신 : 전라북도 지사 유종근
발신 : 이시카와현 지사 타니모토 마사노리

유종근 지사님 안녕하십니까?

저희 현과의 우호교류에 깊은 이해, 협력을 보내주신 데 대하여 심심한 감사
를 드립니다.

전번에 현민문화국장을 귀도에 파견하여, 오는 9월에 '전라북도주간' 개최지
원과 '우호협력에 관한 의정서' 조인을 위한 저희 현 방문을 요청하였을 때, 쾌
히 승낙해주신 데 대하여도 깊은 감사를 드리며 저희 현 방문을 기대하고 있습
니다.

이번에 도지사님의 친서를 받았습니다.

　교과서 문제에 관한 양국 간의 상황에 대하여는 저도 깊은 우려를 하고 있습니다. 지금까지 새 시대에 부응하는 선린우호관계 구축에 지사님과 더불어 견실하게 쌓아온 자치단체 레벨의 교류와 민간교류 등에 더이상 영향이 미치지 않도록 노력을 아끼지 않을 생각입니다.

　지금이야말로 도지사님과 손을 잡고 선린우호관계 시련의 시기를 뛰어넘어 양 도·현의 흔들림 없는 신뢰관계를 구축해나가고자 합니다.

　끝으로 지사님과 전라북도민의 건승을 기원합니다.

29-4

날짜 : 2001년 8월 ○일
수신 : 駐韓日本國 大使 寺田輝介
발신 : 전라북도 지사 유종근

안녕하십니까.

보내주신 서신은 잘 받았습니다. 대사님께서 금번 역사교과서 문제에 대해 각별한 노력을 기울이고 계신 것에 대해서 감사를 드립니다.

　그러나 일본정부가 교과서 검정제도를 시행하고 있는 이상 검인을 받은 교과서는 정부의 책임이며, 이는 삼척동자도 이해할 수 있는 상식일 것입니다.

　장차 내일을 짊어질 청소년들이 올바른 역사를 인식할 때 한·일 우호관계의 발전된 미래를 약속할 수 있다는 점에서 이번 역사교과서 문제를 매우 유감으로 생각합니다.

　김대중 대통령은 국내 보수진영의 비난을 무릅쓰고 1998년 10월에 한·일관계를 미래지향적으로 진전시키는 용단을 내리셨습니다. 저는 그때 김대중 대통령을 수행하여 김 대통령이 일본의회에서 연설하시는 현장에서 감동적인 연설을 듣고 아낌없는 박수를 보냈습니다.

　한·일 우호증진은 양국 정부의 진실된 노력이 있어야 가능하며 한국의 일방적인 노력만으로는 불가능합니다. 따라서 저는 이번 역사교과서 문제를 우리가 서로 지혜를 모아 슬기롭게 극복하여, 양국관계를 더욱 공고히 다져나가기를 진심으로 바라는 바입니다.

우리 도에서는 그 동안의 깊은 우의를 바탕으로 금년도 9월에 가고시마현과 이시카와현을 방문하여 양 도·현 간 다양한 교류행사를 계획대로 치를 예정이고, 또한 10월의 '전주세계소리축제' 행사도 일본측과 공동프로그램을 준비하고 있습니다.

저는 앞으로도 양 지역의 교류와 양 국가 간의 발전을 위하여 지속적인 노력을 다할 계획이며, 대사님의 많은 활약을 기대하는 바입니다.

30

날짜 : 2001년 7월 20일
수신 : 시가현 시가라키초 정장 이마이 게이노스케
발신 : 경기도 이천시장 유승우

이마이 케이노스케(今正東之助) 정장님 귀하
안녕하십니까?
대한민국 경기도 이천시장 유승우입니다.
시가라키의 제49회 도자축제를 진심으로 축하드리는 바입니다.
우리 이천시를 대표하여 본인이 시가라키의 도자축제에 참여하고자 하였으나 다음달 8월 10일부터 10월 28일까지 열리는 2001 세계 도자기 엑스포 준비 관계로 여의치 않아 박재한(朴在漢) 건설도시국장과 일행을 특별 사절단으로 구성하여 참관토록 했음을 양지하여주시기 바랍니다.
아울러 귀 단체에서 보내주신 서한을 잘 받아보았습니다.
2001년 세계 도자기 엑스포 이천시의 방문을 진심으로 환영하는 바이며 차후 뵐 수 있도록 기대하겠습니다.
더불어 부탁의 말씀을 드리고자 합니다.
요즘 양국 간에 부각되고 있는 귀국의 역사교과서 문제에 대하여 특별히 부탁 드리고자 합니다.
역사는 양국의 실과 득을 떠나 왜곡되어서는 안 된다고 생각합니다.
또한 역사의 왜곡이 아닌 진실된 역사만이 양국 간의 우의가 지속적으로 돈독해지는 길이라고 확신합니다.

이마이 케이노스케 정장님!

새로 만든 역사교과서가 일본은 물론 귀정에서나마 사용되지 않도록 정장님의 특별한 배려가 있기를 우리 이천시에서는 희망하는 바입니다.

그럼 안녕히 계십시오.

30-1

날짜 : 2001년 7월 22일
수신 : 경기도 이천시장 유승우
발신 : 시가현 시가라키초 정장 이마이 게이노스케

이천시장 유승우님

성하의 계절 더욱 건승하시리라 생각합니다.

일본국 시가현 시가라키초 정장인 이마이 게이노스케입니다.

이번 제49회 시가라키 도기 축제의 개최에 귀직(貴職)의 안내를 받았을 때, 여러 가지 공사로 바쁘신 중에도 시장님의 깊은 배려로, 박재한 건설도시국장님을 비롯해 사절단 일행분들의 방문을 받고, 너무나 기쁘고 반가워 감사의 말씀을 올립니다. 또 귀직으로부터 기념품을 받게 된 것에도 대단히 감사하게 생각합니다.

유 시장님께서는 오는 8월 9일에 개최되는 세계도자기엑스포 2001년의 준비로 대단히 바쁜 일정을 보내시고 계시리라 생각합니다. 이천도자기의 세계를 향한 정보발신(情報發信)에 크나큰 성과가 있기를 바라고 있습니다.

저도 8월 8일에 이천시를 방문하게 되어 있고, 뜻깊은 세계도자기엑스포 2001년을 접해서 진심으로 축하드리는 바입니다.

그리고, 이천시와 시가라키초의 우호와 번영이 더욱더 깊어지기를 바라고, 세계도자기엑스포 2001년을 바라는, 도제(陶製) 모뉴멘트인 '염(炎)과 화(和)의 쌍탑'을 보냅니다.

그리고 역사교과서 문제에 대해서 여러 가지 의견을 받았습니다.

저도 교과서문제로 양국 간의 우호관계가 나쁜 상황으로 전개되는 것에 대단히 마음아프게 생각하고 있습니다. 역사는 움직임이 없는 사실이고 역사의 진실을 바르게 인식하고 그리고 바르게 전해가는 것이, 양국 간의 우호관계를 계속해서 이어나갈 수 있는 중요한 일이라고 생각합니다.

시가라키초에 있어서는 『새 역사교과서』는 사용하지 않기로 결정하고 있으므로 깊은 이해가 있으시기를 바라겠습니다.

이후로도 이천시와의 우호관계가 보다 더 한층 깊어지기를 진심으로 바라고 있습니다.

31

날짜 : 2001년 7월 20일
수신 : 廣島縣 三次市長 吉岡廣小路
발신 : 경상남도 사천시장 김수영

존경하는 요시오카(吉岡廣小路) 미요시시 시장님, 그리고 시민 여러분.

우리 대한민국 사천시와 귀 미요시시와는 상호 신뢰와 협력을 쌓으면서 공동의 발전과 번영을 누리고 우호관계를 길이 이어가기 위해 2001년 5월 23일 뜻깊고 영광스러운 결연을 체결한 바 있습니다.

대한민국 사천시와 일본국 미요시시와의 결연은 어쩔 수 없는 역사의 사실로 기록된 되돌아보고 싶지 않은 과거를 상호 신뢰와 협력으로 극복하고 이웃나라끼리의 아름답고 생산적인 우호관계를 영원히 누려가는 데 기여하면서 21세기 첨단의 시대, 우주시대를 함께 개척해가자는 참으로 많은 의미와 높은 취지가 내포되어 있습니다.

이러한 와중에 최근 귀국 정부가 추진하고 있는 역사교과서 개정문제는 양국 간의 갈등을 조장하고 아물어가는 과거의 아픈 기억을 새삼 떠올리게 하면서 어업협정으로 인한 부작용과 함께 우호와 협력 정신의 큰 장애물로 등장하고 있습니다.

일본국의 역사교과서 개정문제는 일본 국내에서도 찬반양론이 엇갈려 많은 논란이 일고 있는 것으로 알고 있으며 과거 일본에 점령당하거나 혹은 병합되었던 아픈 과거를 가진 우리 대한민국과 중국, 그리고 동남아시아 여러 국가들로서는 참으로 유감스럽고 불유쾌한 일이 아닐 수 없습니다.

이는 또한 우리 양국 간의 우호와 협력을 저해하는 요소가 될 뿐 아니라 세계 제국(諸國)이 함께 협력하고 조화를 이루면서 공동의 발전과 번영을 향해 정진해 나가야 할 국제화·세계화에 역행하는 처사로서 지구촌의 어떤 국가, 어떤 민족 으로부터도 결코 환영받을 수 없을 것입니다.

부디 귀국 정부가 굴절된 민족자존에 대한 집착과 환영(幻影)을 버리고 과거의 역사에 있어 타 국가와 민족에게 끼쳤던 피해와 손실을 겸허히 인정하고 반성하 면서 객관적이고 사실적인 태도로 역사교과서 개정문제를 지혜롭게 해결하고 원만한 외교관계를 회복할 수 있게 되기를 바랍니다.

하지만 이는 국가와 정부 차원의 문제로서 우리 사천시와 귀 미요시시가 주체 가 되어 해결을 위해 노력해나가기는 거의 불가능한 문제임을 잘 알고 있습니다.

다만 이러한 국가적 갈등이 우리 사천시와 귀 미요시시의 계속적인 우호와 협 력에 누가 되고 있는 만큼 귀시 관할 내의 교육을 주관하는 기관과 잘 협의하고 객관적인 시각과 의지를 시민들에게 널리 전파하여 문제가 되고 있는 개정된 역 사교과서를 활용하지 않는 방법을 적극적으로 모색하여 주시기를 정식으로 요 청하는 바입니다.

그러한 노력들이 모아진다면 귀 일본국은 우리 대한민국뿐 아니라 중국, 동남 아 제국(諸國)과의 갈등을 해소하고 우호와 협력을 계속해서 도모해나갈 수 있을 것이며 세계 제국의 부정적이고 비판적인 여론과 시각을 불식시켜 국제화, 세계 화에 부응하는 일본국으로 바르게 설 수 있을 것으로 믿습니다.

우리 사천시민의 뜻과 국민적 정서를 이 서한을 통해 보내드리오니 부디 깊이 검토하시고 판단하셔서 성의와 노력이 깃들인 적절한 조치를 취해주시기를 바 라며 그 결과를 알 수 있도록 속히 알려주시기를 기다리고 있겠습니다.

아울러 지금의 원만치 못한 양국 관계가 조속히 해결되어 결연을 체결한 우리 사천시와 귀 미요시시가 더욱더 교류를 활성화하고 신뢰와 우호를 굳게 다지면 서 함께 발전해나갈 수 있게 되기를 충심으로 희망합니다.

요시오카 시장님을 비롯한 미요시시 시민 여러분 모두의 건강과 행복을 기원 드리며 다시 만나게 될 날을 기대하겠습니다.

31-1

날짜 : 2001년 8월 21일
수신 : 경상남도 사천시장 김수영
발신 : 히로시마현 미요시시 시장 요시오카 히로코지

삼가 잔더위 시절 사천시장 김수영님이 더욱더 건승하시기를 기원드립니다.

최근 국가적 논쟁을 일으키고 있는 역사교과서 문제는 양시의 우호관계에 직접적인 관계를 가지지는 않으나 시민이나 어린이들의 역사교육에 있어 적지 않은 영향을 미치고 있어, 역사를 바르게 교육하는 것은 학교 교육의 최고로 중요한 과제라고 생각합니다.

교과서 채택에 있어서는 매스컴 보도 등으로 잘 알고 계시는 바와 같이, 일본 국내 전역의 국·공립 중학교에서는 "문제의 역사교과서"는 채택되지 않았습니다.

새로운 세기의 시작을 기념하는 해에 체결되어진 영광스러운 자매도시결연을 더욱 열매맺기 위하여, 자매결연의 발전을 결코 중지하는 일이 있어서는 안 될 것이라고 사료됩니다.

우리 시에서는 가을에 답례방문을 준비하고 있으며, 이 방문이 꼭 이루어져 양시의 발전을 촉진하여 더욱 깊은 관계가 되어지기를 바라마지 않습니다.

끝으로 김수영 시장님과 사천시민 여러분의 건승을 기원드리면서 올 가을 만나뵐 것을 마음 깊이 기대합니다.

32

날짜 : 2001년 7월 20일
수신 : 도쿄도 스기나미구의회 고이즈미 야스오 의장님 외 의원
발신 : 서울특별시 서초구의회 의원 일동

평소 서초구와 스기나미구 간 우호협력을 위한 각종 교류사업을 활발하게 추진할 수 있도록 협조하여주신 데 대하여 감사드립니다.

또한 지난 15일 서울 지역에 시간당 유례없는 집중호우로 인해 발생한 인명

및 재산피해에 대하여 진심어린 위로와 조속한 회복을 기원해주심을 감사하게 생각합니다.

우리나라는 지금 일본의 새역사를 만드는 모임 측에서 집필하고 일본 문부과학성이 검정하여 만든 2002년도 중학교용 새 교과서에 역사의 진실을 왜곡하여 일본정부가 과거 한국강제병합 및 식민지 시대, 그리고 관동대지진과 조선인 군대위안부와 2차대전 및 그 이전 한국과 외국을 침략하여 저지른 각종만행을 호도하거나 미화하여 교육하려 하고 있는 데 대하여 피해당사국의 국민으로서 심한 우려와 분노를 하고 있습니다.

이는 과거의 잘못을 용서하고 새로운 우호관계발전을 기대하여온 우리나라 국민 및 아시아 여러 나라로 하여금 통한의 상처와 기억을 또다시 기억하게 하여 이웃나라 간 우호와 평화 대신 일본정부가 또다시 군국주의로 과거의 씻을 수 없는 처참한 역사를 재현하려는 의심과 우려를 낳게 하고 있습니다.

또한 이것은 역사의 진실을 우롱하는 처사로서 역사를 거스르는 것이며 자라나는 새싹들이 역사의 진실을 공부하여 다시는 쓰라린 역사가 되풀이되지 아니하고 화해와 협력 속에 평화로운 이웃으로 영원히 지낼 수 있도록 하는 데 역행하는 일이라 생각됩니다.

그 동안 한일 양국은 3차례에 걸친 일본문화개방과 2002년 월드컵 공동개최 예정 등으로 인한 민간교류가 계속적으로 늘어났으며 서로를 배우고 이해하려고 노력하여왔으며 미래지향적인 관계설정을 위해 상호 협조하여 오늘에 이르렀으나 일본정부가 잘못된 역사교과서의 재수정을 거부하고 국수주의적 태도를 취함은 민간교류 활동의 근간을 훼손하려 하고 있을 뿐만 아니라 한일 양국 간의 우호에도 결코 도움이 되지 못할 것입니다.

일본정부와 왜곡교과서를 만든 "새 역사교과서를 만드는 모임"에서 자신들의 교과서 채택을 위해 공세를 펼치고 있으나 양식 있는 일본 학부모와 학자 및 시민단체 등에서 왜곡교과서 채택을 거부하고 있음은 일본의 양심이 살아 있음을 실증하는 것이라고 굳게 믿고 있습니다.

이와같이 잘못된 역사교과서를 일본정부가 조속히 재수정하여 진실된 역사를 자라는 세대들이 바로 알아서 한국과 일본이 우호협력정신으로 함께 발전하기를 기원하며 잘못 수정된 역사교과서 채택을 단호히 거부하여주시기 바랍니다.

귀 의회 및 구민들의 무궁한 발전을 기원합니다.

33

날짜 : 2001년 7월 20일
수신 : 大分縣 別府市長 井上信幸
발신 : 전라남도 목포시장 권이담

존경하는 이노우에 일본 벳푸 시장님 귀하

만물이 왕성한 생명력을 과시하는 성하지절(盛夏之節)을 맞이하여 시장님의 건강과 행복을 기원합니다.

아울러 그 동안 공사간 바쁘신 가운데 양 도시 간 자매의 연을 돈독히 하고 또한 상호이익을 넘어서서 국가차원의 번영을 도모하고자 애쓰고 계시는 시장님의 높으신 뜻과 고마운 마음을 우선 지면을 통해 전해드리는 바입니다.

이번에 서신을 전하게 된 연유는 과거 양국 간에 있있던 상처를 대승적 차원에서 치유하고, 다시는 서로간에 이러한 일이 발생하지 않도록 함은 물론 진실된 역사적 사실을 후세대에게 전해줌으로써 그들에게 올바른 역사관과 가치관을 형성시켜주는 것이 우리 어른들의 책임이라는 생각 때문입니다.

따라서 이번 양국 간의 "역사교과서" 사건은 참으로 안타까운 일이라 생각되며, 귀시 산하 학교에서는 진실된 역사가 가르쳐져 다시는 아픈 상처가 되풀이되지 않도록 해주시기를 바랍니다.

이러한 과정을 통하여 양국 간 영원한 번영의 토대를 구축함은 물론 양 도시 간의 우정을 돈독히 하는 계기로 삼았으면 하는 마음을 간절히 소망하며 이제까지의 끈끈한 정을 바탕으로 진실되지 못한 역사교과서가 후세들에게 가르쳐지지 않도록 하는 소식이 도착하기를 기대합니다.

아무쪼록 귀시의 무궁한 발전과 시장님의 앞날에 영광과 보람이 함께 하시기를 기원합니다.

33-1

날짜 : 2001년 7월 20일
수신 : (중국) 江蘇城 連雲港市長
발신 : 전라남도 목포시장 권이담

존경하는 연운항 시장님 귀하

만물이 왕성한 생명력을 과시하는 성하지절을 맞이하여 시장님의 건강과 행복을 기원합니다.

아울러 그 동안 공사간 바쁘신 가운데 양 도시 간 자매의 연을 돈독히 하고 또한 상호이익을 넘어서서 연운항 간 국제선 취항 등 국가차원의 번영을 도모하고자 애쓰시고 계시는 시장님의 높으신 뜻과 고마운 마음을 우선 지면을 통해 전해드리는 바입니다.

이번에 서신을 전하게 된 연유는 "일본 왜곡 역사교과서 문제"에 대하여 진실된 역사적 사실을 후세대에게 전해 그들에게 올바른 역사관과 가치관을 형성시켜주는 것이 우리 어른들의 책임이라는 생각 때문입니다.

따라서 중국과 한국이 정부차원에서 추진되는 것만이 아니라 지방정부 차원에서 공동대응할 수 있는 대책과 방안을 협의하여 추진될 수 있기를 소망하며, 이제까지의 끈끈한 정을 바탕으로 진실되지 못한 "일본 역사교과서"가 후세대에게 가르쳐지지 않도록 협조체제를 구축할 수 있기를 기대합니다.

그렇게 함으로써 일본이 다시는 편협한 역사관에 빠지는 오류를 범하지 않도록 우리 양시가 힘을 모아야 하겠습니다.

아무쪼록 귀시의 무궁한 발전과 시장님의 앞날에 영광과 보람이 함께하시기를 기원합니다.

34

날짜 : 2001년 7월 21일
수신 : 姬路市議會 議長 山下昌司, 姬路市長 堀川和洋
발신 : 경상남도 마산시의회 의장 김형성 외 의원 일동

존경하는 야마시타(山下昌司) 히메지시 의회 의장님!

히메지시 의회의 무궁한 발전을 축원하면서 의장님의 건강과 의원 여러분들의 건승을 기원합니다.[10]

잘 아시다시피, 히메지시와 우리 마산시 간에는 지난 2000년 4월 18일 교육, 문화, 관광, 사회, 경제 등 폭넓은 교류를 통해서 상호 이해와 신뢰를 깊게 하는 자매도시로서 결연한 바 있습니다. 우리 양시는 이러한 양시 간의 영원한 우정을 통하여 대한민국과 일본국 간의 친선교류뿐만 아니라 세계평화와 인류의 번영에 헌신할 것을 확신하면서, 우리는 자매도시로서 함께 기뻐하고 자축하였습니다.

그러나 최근 일본정부의 중학교 역사왜곡 교과서 검증문제로 인해서 한일간에 불편한 관계가 야기되고 있는 현실에 대하여 우리 시민들은 매우 안타깝게 생각하고 있습니다. 물론 이러한 현실을 우리의 자매도시인 히메지시에서도 똑같이 느끼고 있으리라 생각합니다. 그것은 우리들이 진실하게 자매도시의 연(緣)을 맺은 자매이기 때문입니다.

존경하는 야마시타 의장님과 의원 여러분!

과거의 아픈 상처는 서로 위로하고 묻어두며 내일의 공동번영과 발전을 위해서 함께 노력하는 것이 진정한 자매도시로서 우리가 취해나가야 할 소명이라고 생각합니다. 때문에 우리 한국 국민들에게는 기억하기도 싫고 무엇과 비교할 수 없을 정도의 아픈 상처들인 과거사 문제를 왜곡하여 일본의 중학교 검정 역사교과서로 채택한다는 것은 한국 국민들의 자존심을 매우 상하게 하는 안타까운 사실이 된다는 것을 히메지시에서도 잘 이해하고 있으리라 생각합니다.

고로 히메지시 의회에서는 이러한 왜곡된 중학교 역사교과서가 히메지시와

---

10) 존경하는 호리카와 히메지시 시장님!
히메지시의 무궁한 발전을 기원하면서 시장님의 건승을 기원합니다.
이하 호칭만 다르고 본문의 내용은 동일함.

인근 지역 중학교에서도 채택되지 않도록 우리 마산시민들을 대신하여 자매의 정으로서 최선을 다해주실 것을 간곡히 부탁드립니다.

금번 이 사항으로 인하여 히메지시와 우리 마산시가 자매도시로서의 정이 더욱 깊어지고, 두 도시 간의 교류가 더욱 확대되어 히메지시와 마산시가 세계 속에 함께 번영할 수 있기를 간절히 희구(希求)하면서 의장님을 비롯한 의원님들의 건승과 히메지시의 무궁한 발전을 기원합니다.

35

날짜 : 2001년 7월 21일
수신 : 일본국 지방자치단체 교육위원
발신 : 서울특별시 교육위원회 교육위원 일동

일본국 지방자치단체 교육위원 귀하

귀국의 2세 교육을 위해 헌신하시는 교육위원님들의 노고에 경의를 표합니다.

역사에 대한 올바른 인식은 양국 간의 선린우호관계를 유지하는 기본적인 관건입니다. 귀국은 우리나라와 오랜 기간 동안 역사적, 문화적으로 깊은 관련을 맺어왔으며, 앞으로 더욱 긴밀한 협력관계를 유지해야 할 가까운 이웃나라입니다.

양국 간의 현안인 역사교과서 왜곡 문제로 귀 교육위원회에 이 서신을 보내드리게 됨을 매우 안타깝게 생각합니다. 양국 간의 진실된 우호 관계가 오래 지속되기를 바라는 간곡한 심정으로 서신을 드리는 것이니 널리 혜량하여주시기 바랍니다.

우리는 지난날 양국 정상이 발표한 "21세기 새로운 한·일 파트너십 공동 선언" 내용을 기억하고 있습니다. 귀국의 식민지 지배에 대한 반성과 사죄를 전제로 "양국 국민, 특히 젊은 세대가 역사에 대한 인식을 심화시키는 것이 중요하다는 점에 대하여 견해를 같이한다"고 하였습니다.

그러나 귀국의 '새로운 역사교과서를 만드는 모임'에서 편찬한 중학교 역사교과서는 군대위안부문제, 강제적인 징용과 징병 등 우리 당대가 직접 목격하고 체험했던 명백한 역사적 사실조차 왜곡 서술함으로써 우리를 곤혹스럽게 하고 있습니다.

그 동안 우리 정부는 귀국 정부의 검정을 통과한 역사교과서의 왜곡 기술과 관련하여 귀국 정부에 35개 항목에 이르는 수정 요구를 제기하는 등 왜곡 시정을 위한 다각적인 노력을 경주해왔습니다.

그러나 불행히도 귀국 정부는 우리의 왜곡 시정 요구에 대한 문부과학성의 검토 결과 발표를 통하여 수정요구를 사실상 외면하고 있습니다.

아시는 바와 같이 종전 후 독일은 전쟁중에 저지른 자신들의 잘못을 사실대로 교과서에 기술함으로써 2세들에게 다시는 이러한 잘못이 되풀이되지 않도록 교육하고 있습니다.

학생들은 역사 교육을 통해서 사실과 증거를 존중하는 자세와 다른 나라의 문화와 가치를 존중하는 우호적인 태도를 배우게 됩니다.

객관적이고 개방적인 태도야말로 오늘날 국제화 시대를 살아가는 우리에게 무엇보다 필요한 자세라고 할 것입니다.

이러한 때에 귀국 내의 다수 지식인과 시민 사회단체가 중심이 되어 후소샤(扶桑社)의 역사교과서를 채택하지 말 것을 촉구하는 시민운동을 전개하고 있음은 다행한 일이라고 생각합니다.

몸담고 있는 나라는 서로 다르지만 이웃을 이해하고 우호적이며 보편성을 지닌 인간을 기르자는 교육자로서의 이상은 다를 바 없다고 생각합니다. 양국의 2세들이 21세기의 동반자로서 함께 번영하는 국가를 건설하도록 하기 위해서는 과거 역사를 잘 알고 있는 우리 세대의 역할이 매우 중요하다고 생각합니다.

귀국의 지방자치단체 교육정책을 심의하고 결정하시는 교육위원님들께서는 중학교 역사교과서를 채택하는 과정에서 사실을 왜곡한 역사교과서가 채택되지 않도록 현명한 판단을 하여주시기 바랍니다.

우리 서울특별시교육위원 일동은 한국과 일본국의 선린우호관계가 이번 일을 계기로 더욱 발전되기를 바라며, 귀 교육위원님들의 안녕을 기원합니다.

36

날짜 : 2001년 7월 24일
수신 : 일본국 지방자치단체 교육위원회
발신 : 전국시 · 도교육위원회 의장협의회, 전국시 · 도교육위원회 교육위원 일동

서울시 교육위원회와 내용 동일

37

날짜 : 2001년 8월 17일
수신 : 충청북도 보은군 군수 김종철
발신 : 宮崎縣 高岡町長 吉元正憲

존경하는 김종철 군수님 안녕하십니까?

이번 일본 역사교과서 문제로 인해 보은군과 타카오카초의 교류가 위기에 처하게 되어 대단히 유감으로 생각하는 바입니다. 군수님으로부터 초 · 중등학교의 교류를 잠정적으로 중단한다는 친서를 받고 큰 충격과 함께 지금보다 더 많은 교류를 하지 않으면 안 된다고 깊게 느끼고 있습니다.

교과서 문제에 대해서는 '새로운 역사교과서를 만드는 모임'이 만든 교과서를 채택하지 않았습니다. 타카오카초에서는 지금까지 보은군과 교류를 해온 주민들이 문제의 역사교과서를 채택하지 말라는 서명운동을 전개하는 등 이번 문제에 민감하게 대처해왔습니다.

보은군으로서도 이번 교류를 고심끝에 중단하였다고 알고 있습니다. 타카오카초에서도 하루속히 자매도시 교류의 부활을 원하고 있습니다. 이 불행한 문제를 통해서 자매도시 간 상호 주민 간의 연대관계가 더욱더 깊어졌다고 할 수 있겠습니다.

이번 문제를 통해 보은군과 타카오카초가 앞으로 더욱더 교류가 발전할 수 있는 계기가 되고 앞으로도 교류가 계속 이어질 수 있도록 간절히 부탁을 드립니다.

마지막으로 군수님의 건강과 보은군의 더 큰 발전을 기원합니다.

38

날짜 : 2001년 7월 25일
수신 : 佐賀縣 唐津市長 福島善三郎
발신 : 제주도 서귀포시의회 의원 일동

가라츠시장 후쿠지마 귀하

가라츠시의 무궁한 발전을 기원합니다.

서귀포시는 자매도시인 가라츠시와 21세기 공동번영을 위한 교류·협력관계를 지속적으로 이어나감은 물론 이를 통해 한국과 일본의 우호관계 증진에도 기여하게 되기를 진심으로 바라고 있습니다.

그런데 요즘 일고 있는 일본 역사교과서의 왜곡문제로 한·일관계가 악화되고 있는 데 대해 걱정스런 마음을 금할 수가 없습니다. '새 역사교과서를 만드는 모임'에서 집필한 교과서를 비롯하여 2002년부터 사용될 일본 중학교 역사교과서 검정본 중 일부에 한국 등 이웃나라와 관련된 과거사는 물론 제주의 역사에 대해 왜곡 기술된 내용이 실렸으며, 이에 대한 우리 정부의 재수정 요구도 실질적으로 받아들여지지 않음으로써 양국 간의 갈등을 고조시키고 교류에 악영향을 끼치고 있습니다. 양국이 2002년 월드컵 축구대회를 공동 개최하는 것을 비롯하여 진보와 발전을 향한 상호 협력의 새 관계를 모색해야 할 시점에서, 그간 어렵게 발전시켜온 우호관계마저 후퇴시키는 이러한 사태는 정말 유감스런 일이 아닐 수 없습니다.

이제라도 과거를 직시하고 인정함으로써 양국 간 진정한 화해를 이룰 수 있도록 하는 것만이 신뢰와 협력의 미래를 열어나가는 토대가 될 것입니다. 특히 미래의 주역인 청소년들에게 진실을 바탕으로 한 올바른 역사관을 심어주는 것은 우리의 미래 발전을 위해서 무엇보다 중요한 일이라고 생각합니다. 이에 일본 내에서도 양심적인 지식인과 지방자치단체에 의해 역사교과서 왜곡에 대한 반대 움직임이 전개되고 있는 것으로 알고 있습니다. 화합과 번영의 미래를 꽃피울 씨앗을 심는 심정으로 청소년들에게 진실한 역사를 가르치기 위한 노력에 가라츠시도 뜻을 같이 하리라 믿습니다.

부디 양국의 우호관계와 역사발전을 위해 가라츠시에서도 왜곡된 역사교과서를 채택하지 않도록 해주실 것을 서귀포시의회 모든 의원이 서귀포시민을 대표하여 간곡히 건의합니다.

일본의 역사왜곡에 항의한 지방자치단체의
활동일지

결의문·성명서

2001년 3월
8일 : 경상남도 창원시의회
26일 : 충청남도 교육위원회
29일 : 전국자치구연합회 인천지역연합회

4월
10일 : 강원도 교육위원회, 경상남도 시·군의회의장단협의회, 대전광역시 서
구의회
12일 : 대구광역시의회, 서울특별시 성동구의회, 전라북도 정읍시의회, 충청남
도 천안시의회
14일 : 전국시·도의장협의회
17일 : 대구광역시 서구의회
18일 : 강원도 동해시의회, 서울특별시 노원구의회
19일 : 경상북도의회, 대전광역시의회
20일 : 서울특별시 강동구의회
21일 : 경기도 고양시의회, 안산시의회, 안성시의회, 포천군의회, 전라북도 익
산시의회
23일 : 대전광역시 유성구의회, 서울특별시 서초구의회, 인천광역시의회
 전라남도 교육위원회, 충청북도 청원군의회, 충청북도의회
24일 : 경기도 부천시의회, 경상남도 남해군의회, 전라남도의회
25일 : 경상북도 문경시의회, 서울특별시 광진구의회, 충청북도 제천시의회
26일 : 강원도의회, 광주광역시 구의회의장단협의회
27일 : 충청북도 시·군의회의장단협의회, 충청북도 청주시의회
28일 : 대구광역시 남구의회
미상 : 전국시·군·자치구의회의장협의회

5월
3일 : 충청북도 진천군의회
4일 : 경상북도 포항시의회

7일 : 전라북도 시·군의회의장단협의회, 충청북도 보은군의회
9일 : 충청북도 교육위원회
10일 : 충청남도 예산군의회
19일 : 충청남도 아산시의회
21일 : 서울특별시 은평구의회

7월
6일 : 강원도 춘천시의회
11일 : 전국시도의장협의회, 전라북도 김제시의회, 전라북도 시장군수협의회
12일 : 제주도의회
13일 : 강원도 양구군의회, 횡성군의회, 전라북도 교육위원회, 전라북도의회, 제주도 교육위원회, 제주시의회
14일 : 경기도 시흥시의회, 안양시의회, 전국시장·군수·구청장협의회, 전라남도 강진군의회
16일 : 강원도 고성군의회, 인천광역시 남동구의회
18일 : 경기도의회, 경상북도 교육위원회, 영천시의회, 울산광역시 동구의회
19일 : 경상남도 마산시의회
20일 : 경기도 교육위원회, 전라남도 보성군의회, 영광군의회, 전라북도 완주군의회
21일 : 대구광역시 교육위원회, 부산광역시 서구의회, 전라남도 여수시의회
23일 : 경기도 광명시의회
24일 : 서울특별시 강서구의회, 전라남도 고흥군의회, 곡성군의회
25일 : 인천광역시 교육위원회, 전라남도 목포시의회
28일 : 서울특별시 도봉구의회
30일 : 제주도 남제주군의회

8월
17일 : 전라북도의회

7월

6일 : 강원도 춘천시의회

9일 : 강원도 춘천시장

10일 : 강원도 속초시장, 경상남도지사

11일 : 강원도지사, 동해시장, 속초시의회, 경상북도지사, 대구광역시장, 전라남도지사, 충청북도 청주시의회

12일 : 강원도 교육위원회, 영월군수, 횡성군수, 경기도 부천시장, 경상남도 양산시장, 대구광역시의회, 제주시장, 충청북도의회

13일 : 강원도 동해시의회, 인제군수, 경상남도 김해시장, 마산시장, 경상북도 경산시장, 경상북도 김천시장

14일 : 강원도 양구군수, 영월군의회, 경기도 연천군(전곡읍), 제주도 북제주군수, 충청북도지사

16일 : 강원도 고성군수, 경기도 안양시장, 평택시장, 경상남도의회, 창원시의회, 합천군수, 경상북도 경주시장, 구미시장, 제주도 남제주군수, 충청남도 부여군수

17일 : 인천광역시 강화군수

18일 : 강원도 화천군수, 대전광역시의회, 인천광역시의회, 인천광역시장, 전라북도의회, 충청남도 공주시장, 충청남도지사, 충청북도 충주시의회, 충주시장

19일 : 경상남도 진주시장, 창원시장, 부산광역시 기장군수, 전라북도지사

20일 : 경기도 이천시장, 경상남도 사천시장, 통영시장, 서울특별시 서초구의회, 전라남도 목포시장

21일 : 경상남도 마산시의회, 서울특별시 교육위원회

23일 : 울산광역시장

24일 : 경상북도 경산시의회, 전국시·도교육위원회의장단협의회

25일 : 충청북도 보은군수

미상 : 강원도 강릉시장, 강릉시의회, 삼척시장, 경상남도 양산시의회

8월

1일 : 경상남도 창녕군수

7일 : 인천광역시 계양구

지방자치단체의 결의문 채택 및 불채택촉구 서한 발송

지역별현황

서울특별시

자치단체	결의문·성명서	서한	기타	자매결연도시
서울특별시		교육위		東京都
강남구				
강동구	의회			東京都 武藏野市
강북구				
강서구	의회			
관악구				
광진구	의회			
구로구				
금천구				
노원구	의회			
도봉구	의회			
동대문구				
동작구				
마포구				
서대문구				
서초구	의회	구청장, 의회		東京都 杉並區
성동구	의회			
성북구				
송파구				
양천구				
영등포구				
용산구				
은평구	의회			
종로구				
중구				
중랑구				

부산광역시

자치단체	결의문·성명서	서한	기타	자매결연도시
부산광역시				福岡縣 福岡市, 山口縣 下關市
강서구				
금정구				
남구				
동구				
동래구				
부산진구				
북구				
사상구				
사하구				
서구	의회			
수영구				
연제구		제2의건국범구민 추진위원회		佐賀縣 佐賀市
영도구				
중구				
해운대구				
기장군				

대구광역시

자치단체	결의문·성명서	서한	기타	자매결연도시
대구광역시	의회, 교육위	시장, 의회		廣島縣 廣島市
남구	의회			
달서구				
동구				
북구				
서구	의회			
수성구				
중구				
달성군				

인천광역시

자치단체	결의문·성명서	서한	기타	자매결연도시
인천광역시	의회, 교육위	시장, 의회		福岡縣 北九州市, 神奈川縣 橫浜市
계양구		구청장	결의대회	
남구				
남동구	의회			
동구				
부평구				
서구				
연수구				
중구				千葉縣 成田市
강화군		군수		福岡縣 添田町
옹진군				

광주광역시

자치단체	결의문·성명서	서한	기타	자매결연도시
광주광역시				
광산구			특별강좌, 결의대회	
남구				
동구				
북구				
서구				

대전광역시

자치단체	결의문·성명서	서한	기타	자매결연도시
대전광역시	의회	의회		島根縣 大田市
대덕구				
동구				
서구	의회			
유성구	의회			
중구				

울산광역시

자치단체	결의문·성명서	서한	기타	자매결연도시
울산광역시		시장		山口縣 萩市
남구				
동구	의회			
북구				
중구				
울주군				

경기도

자치단체	결의문·성명서	서한	기타	자매결연도시
경기노	의회, 교육위			神奈川縣
고양시	의회			
과천시				
광명시	의회			
광주시				
구리시				
군포시				
김포시				
남양주시				
동두천시				
부천시	의회	시장		岡山縣 岡山市, 神奈川縣 川崎市
성남시				
수원시				北海道 旭川市
시흥시	의회			
안산시	의회			
안성시	의회			
안양시	의회	시장		埼玉縣 所澤市, 愛知縣 小牧市
오산시			오산시 거주 일본인초청간담회	
용인시				
의왕시				
의정부시				新潟縣 新發田市

이천시		시장		滋賀縣 信樂町
파주시				
평택시		시장		靑森縣 靑森市
하남시				
화성시				
가평군				
양주군				
양평군				
여주군				
연천군(전곡)		교류추진위		新潟縣 加治川村
포천군	의회			

강원도

자치단체	결의문 · 성명서	서한	기타	자매결연도시
강원도	의회, 교육위	도지사, 교육위		鳥取縣
강릉시		시장, 의회		埼玉縣 秩父市
동해시	의회	시장, 의회		福井縣 敦賀市
삼척시		시장		北海道 赤平市
속초시		시장, 의회	방문	鳥取縣 米子市, 鳥取縣 境港市, 富山縣 入善町
원주시				
춘천시	의회	시장, 의회		山口縣 防府市, 岐阜縣 各務原市 長野縣 東筑摩郡
태백시				
고성군	의회	군수		鳥取縣 淀江町
양구군	의회	군수		鳥取縣 智頭町
양양군		군수		鳥取縣 大山町 靑森縣 六ヶ所村
영월군		군수, 의회		鳥取縣 日野町
인제군		군수		鳥取縣 東伯町
정선군				
철원군				
평창군				長野縣 白馬村
홍천군				
화천군		군수		島取縣 關金町
횡성군	의회	군수		鳥取縣 八東町

충청북도

자치단체	결의문·성명서	서한	기타	자매결연도시
충청북도	의회, 교육위	도지사, 의회		山梨縣
제천시	의회			
청주시	의회	의회		鳥取縣 鳥取市
충주시		시장, 의회		東京都 武藏野市 神奈川縣 湯河原町
괴산군				
단양군				
보은군	의회	군수		宮崎縣 高岡町
영동군				
옥천군			불채택 요청 방문	靑森縣 五戶町
음성군				
진천군	의회			
청원군	의회			

충청남도

자치단체	결의문·성명서	서한	기타	자매결연도시
충청남도	교육위	도지사		熊本縣
공주시		시장		山口縣 山口市, 滋賀縣 守山市 熊本縣 菊水町
논산시				
보령시				
서산시				奈良縣 天里市
아산시	의회			
천안시	의회			
금산군				
당진군				
부여군		군수		奈良縣 明日香村, 宮崎縣 南郷村 滋賀縣 日野町, 滋賀縣 浦生町 福岡縣 太宰府市
서천군				
연기군				
예산군	의회			
청양군				
태안군				
홍성군				

전라북도

자치단체	결의문 · 성명서	서한	기타	자매결연도시
전라북도	의회, 교육위	도지사, 의회	단식농성(이경해 의원)	鹿兒島縣
군산시				
김제시	의회			熊本縣 泗水町
남원시				
익산시	의회			山形縣 鶴岡市
전주시				
정읍시	의회			千葉縣 成田市
고창군				
무주군				
부안군				
순창군				福岡縣 浮羽町
완주군	의회			
임실군				
장수군				
진안군				

자치단체	결의문·성명서	서한	기타	자매결연도시
전라남도	의회, 교육위	도지사		
광양시				
나주시				鳥取縣 倉吉市
목포시	의회	시장		大分縣 別府市
순천시				
여수시	의회			佐賀縣 唐津市
강진군	의회			
고흥군	의회			佐賀縣 鹿島市
곡성군	의회			
구례군				
담양군				
무안군				
보성군	의회			
신안군				
영광군	의회			
영암군				
완도군				
장성군				
장흥군				
진도군			수정촉구캠페인	
함평군				
해남군				
화순군				

경상북도

자치단체	결의문·성명서	서한	기타	자매결연도시
경상북도	의회, 교육위	도지사		島根縣
경산시	의회	시장, 의회		京都府 城陽市
경주시		시장		大分縣 宇佐市, 佐賀縣 神埼町 兵庫縣 出石町, 福井縣 小浜市
구미시		시장		慈賀縣 大津市
김천시		시장		石川縣 七尾市
문경시	의회			
상주시				
안동시				山形縣 寒河江市
영주시				
영천시	의회			靑森縣 黑石市
포항시	의회			廣島縣 福山市
고령군				
군위군				
봉화군				
성주군				
영덕군				
영양군				
예천군				
울릉군				
울진군				
의성군				
청도군				
청송군				
칠곡군				

경상남도

자치단체	결의문·성명서	서한	기타	자매결연도시
경상남도		도지사, 의회		山口縣
거제시				
김해시		시장		福岡縣 宗像市
마산시	의회	시장, 의회		兵庫縣 姬路市
밀양시				
사천시		시장		廣島縣 三次市
양산시		시장, 의회		秋田縣 本莊市
진주시		시장		島根縣 松江市, 京都府 京都市 北海道 北見市
진해시				廣島縣 吳市
창원시	의회	시장, 의회		岐阜縣 大垣市
통영시		시장		埼玉縣 狹山市, 岡山縣 玉野市
거창군				
고성군				
남해군	의회			鹿兒島縣 大口市
산청군				
의령군				
창녕군		군수		石川縣 小松市
하동군				
함안군				
함양군				
합천군		군수		香川縣 高瀨町

제주도

자치단체	결의문·성명서	서한	기타	자매결연도시
제주도	의회			
제주시	의회	시장		和歌山縣 和歌山市
서귀포시		의회		佐賀縣 唐津市
남제주군	의회	군수		和歌山縣 那賀町
북제주군		군수		兵庫縣 三田市